江戸300藩の意外な「その後」

「藩」から「県」へ――教科書が教えない歴史

日本博学倶楽部

PHP文庫

○本表紙図柄＝ロゼッタ・ストーン（大英博物館蔵）
○本表紙デザイン＋紋章＝上田晃郷

はじめに

江戸時代、幕府を頂点とする幕藩体制のもと、日本列島にはおよそ三百もの藩が存在していた。

実際には、そのうちの六割は五万石未満で、一万石の大名ともなると現在の町や村といった程度の領地しか持っていなかった。また、藩は将軍家との関係により、親藩、譜代藩、外様藩、さらに親藩は三家、一門、連枝に分けられていたので、まさに、「三百藩三百色」といえるほど、その藩事情を異にしていた。

ところが、幕末になると、三百の小国家は例にもれることなく、存亡の危機を迎える。ペリーの来航により、開国を迫られた幕府はもちろん混乱を極めていたが、同様に諸藩も大きく揺れたのである。

多くの藩は討幕か佐幕かの決定を迫られることになり、藩論は二分され、なかには戊辰《ぼしん》戦争に加わる前に、流血にいたる激しい内乱を引き起こす藩も出てくる。

たとえば、赤穂四十七士の仇《あだ》討ちで知られる赤穂藩では、藩内のいざこざから仇討ちが起きている。藩論を尊王攘夷に動かせなかった下級藩士は、家老ら上級藩士を暗殺。すぐに彼らは脱藩したが、機をうかがっていた上級藩士の一族に、九年後の一八七一（明治四）年に殺害された。一族は裁判にかけられるが、奇しくも判決が出されたその日に、仇討ちが禁止された。これが日本最後の仇討ちとなった。

また、藩同士や藩内での裏切りや陰謀も多かった。なかには、領民を見捨てて逃亡した藩主もいる。松前藩は討幕か佐幕か決めかねていたが、若い藩士たちが守旧派を殺害すると、ようやく藩主・松前徳広《のりひろ》は討幕の立場を決める。ところが、同年、榎本武揚《たけあき》率いる旧幕府軍に襲撃されると、藩主は城を焼き払い、海を渡って津軽に逃走したのだ。見捨てられた領民は、その後、藩主に詫び状を出させたという。

このように、過激な幕末を余儀なくされた藩もあれば、桑名藩のように決戦か帰順かという藩の命運を賭けた決断を、なんとクジ引きで決めたという藩もある。

いつまでたっても藩論を決めかねた優柔不断な藩もあれば、終始日和見《ひよりみ》的態度をとった藩もある。ふたまたをかけた藩もあれば、変わり身が早く処世術に長《た》けた藩もあり、まさに動乱の幕末維新期、日本列島は紛然たる様《さま》を呈していた。

あなたの住んでいる土地や出身地の藩主や藩士らは、果たして幕末をどのように乗り切り、「その後」どのような新時代・明治を迎えたのだろうか。

一ついえるのは、激動の幕末維新こそ、地方がおもしろいということである。本書を読んでもらえれば、それがきっとおわかりいただけるだろう。

日本博学倶楽部

江戸300藩の意外な「その後」　目次

はじめに

◆一章◆ 混乱に乗じて下剋上 陰謀渦巻く藩内覇権争い

江戸諸藩なるほど裏話 ✻ 北海道 東北

◆二章◆
果たして結末はいかに!?
貧乏藩の財政革命

江戸諸藩なるほど裏話 ※ 中部

◆四章◆
教科書ではわからない 幕末以降あの藩はどうなった?

江戸諸藩なるほど裏話 ※ 中国 四国

◆六章◆ たった一つの行動が行く末を決める！生き残りを賭けた世渡り作戦

本書に登場するおもな藩名

一橋家………P118

清水家………P120

田安家………P141

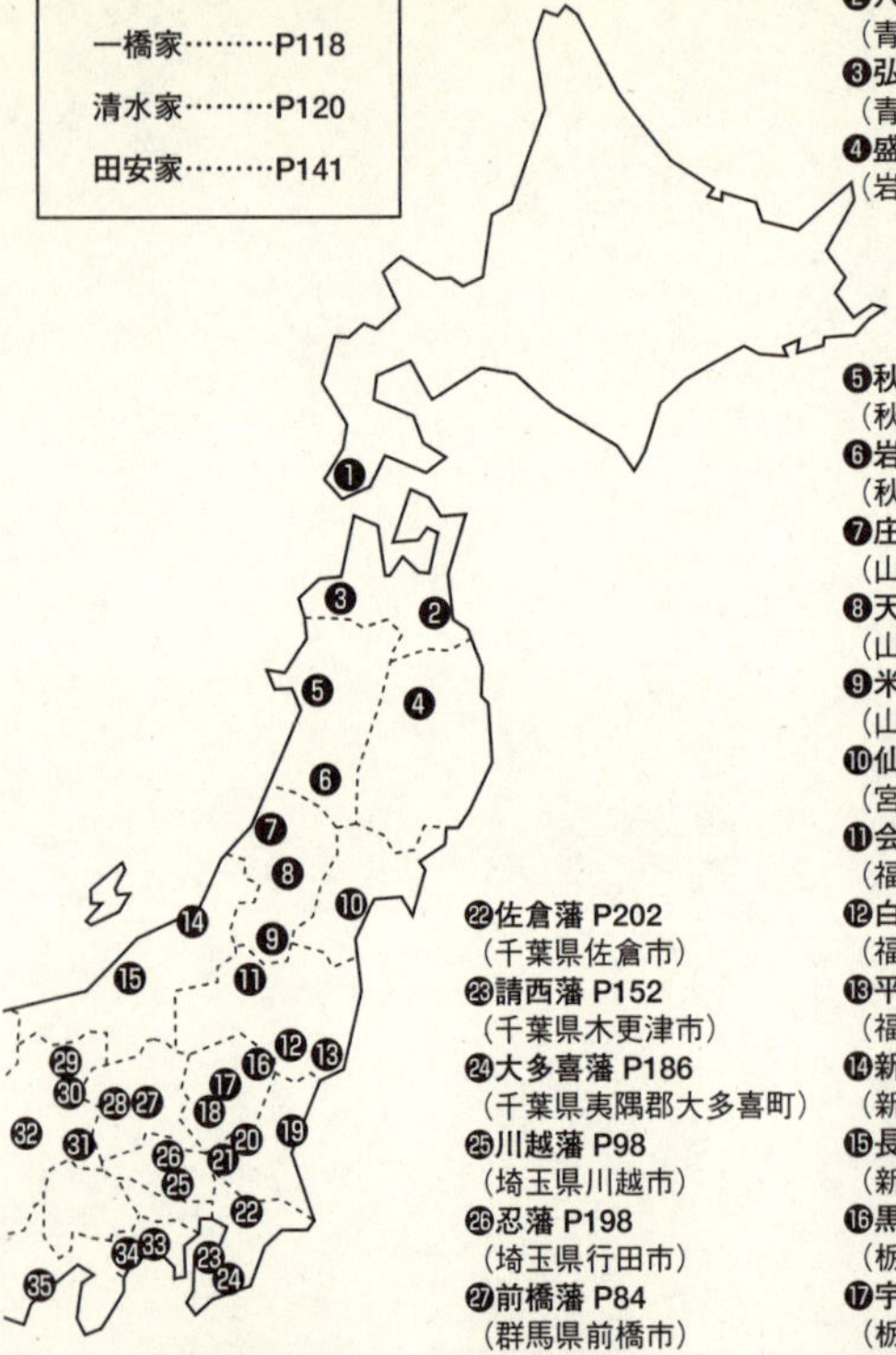

❶松前藩 P47・114
（北海道松前郡松前町）

❷八戸藩 P182
（青森県八戸市）

❸弘前藩 P56
（青森県弘前市）

❹盛岡藩 P60
（岩手県盛岡市）

❺秋田藩 P74
（秋田県秋田市）

❻岩崎藩 P94
（秋田県湯沢市）

❼庄内藩 P62
（山形県鶴岡市）

❽天童藩 P48
（山形県天童市）

❾米沢藩 P160
（山形県米沢市）

❿仙台藩 P190
（宮城県仙台市）

⓫会津藩 P112
（福島県会津若松市）

⓬白河藩 P49
（福島県白河市）

⓭平藩 P166
（福島県いわき市）

⓮新発田藩 P192
（新潟県新発田市）

⓯長岡藩 P90
（新潟県長岡市）

⓰黒羽藩 P38
（栃木県那須郡黒羽町）

⓱宇都宮藩 P188
（栃木県宇都宮市）

⓲壬生藩 P79
（栃木県下都賀郡壬生町）

⓳水戸藩 P40
（茨城県水戸市）

⓴結城藩 P34
（茨城県結城市）

㉑古河藩 P78
（茨城県古河市）

㉒佐倉藩 P202
（千葉県佐倉市）

㉓請西藩 P152
（千葉県木更津市）

㉔大多喜藩 P186
（千葉県夷隅郡大多喜町）

㉕川越藩 P98
（埼玉県川越市）

㉖忍藩 P198
（埼玉県行田市）

㉗前橋藩 P84
（群馬県前橋市）

㉘安中藩 P77
（群馬県安中市）

㉙松代藩 P58
（長野県長野市）

㉚上田藩 P127
（長野県上田市）

㉛田野口藩 P92
（長野県南佐久郡臼田町）

㉜松本藩 P135
（長野県松本市）

㉝荻野山中藩 P203
（神奈川県厚木市）

㉞小田原藩 P137
（神奈川県小田原市）

㉟静岡藩 P108
（静岡県静岡市）

70 丸亀藩 P154
（香川県丸亀市）
71 徳島藩 P20・177
（徳島県徳島市）
72 土佐藩 P156
（高知県高知市）
73 大洲藩 P176
（愛媛県大洲市）
74 宇和島藩 P180
（愛媛県宇和島市）
75 福岡藩 P52
（福岡県福岡市中央区）
76 久留米藩 P102
（福岡県久留米市）
77 唐津藩 P45
（佐賀県唐津市）
78 佐賀藩 P131
（佐賀県佐賀市）
79 中津藩 P168
（大分県中津市）
80 岡藩 P200
（大分県竹田市）
81 熊本藩 P110
（熊本県熊本市）
82 宇土藩 P213
（熊本県宇土市）
83 人吉藩 P121
（熊本県人吉市）
84 高鍋藩 P209
（宮崎県児湯郡高鍋町）
85 佐土原藩 P66
（宮崎県宮崎郡佐土原町）
86 飫肥藩 P211
（宮崎県日南市飫肥）
87 薩摩藩 P70
（鹿児島県鹿児島市）
88 対馬藩 P139
（長崎県対馬市）
89 平戸藩 P212
（長崎県平戸市）
90 琉球藩 P88
（沖縄県那覇市）

54 柳生藩 P32
（奈良県奈良市）
55 郡山藩 P96
（奈良県大和郡山市）
56 岸和田藩 P30
（大阪府岸和田市）
57 和歌山藩 P100
（和歌山県和歌山市）
58 三田藩 P116
（兵庫県三田市）
59 姫路藩 P24
（兵庫県姫路市）
60 赤穂藩 P22・146
（兵庫県赤穂市）
61 鳥取藩 P26
（鳥取県鳥取市）
62 松山藩 P43
（岡山県高梁市）
63 福山藩 P164
（広島県福山市）
64 広島藩 P129
（広島県広島市）
65 浜田藩 P82
（島根県浜田市）
66 津和野藩 P133
（島根県鹿足郡津和野町）
67 長州藩 P72
（山口県萩市）
68 岩国藩 P175
（山口県岩国市）
69 高松藩 P36
（香川県高松市）

36 浜松藩 P104
（静岡県浜松市）
37 堀江藩 P86
（静岡県浜松市）
38 富山藩 P123
（富山県富山市）
39 加賀藩 P125
（石川県金沢市）
40 大聖寺藩 P68
（石川県加賀市）
41 福井藩 P158
（福井県福井市）
42 大野藩 P105
（福井県大野市）
43 郡上藩 P194
（岐阜県郡上市）
44 苗木藩 P64
（岐阜県中津川市）
45 加納藩 P106
（岐阜県岐阜市）
46 高須藩 P172
（岐阜県海津郡海津町）
47 尾張藩 P28
（愛知県名古屋市）
48 桑名藩 P170
（三重県桑名市）
49 津藩 P205
（三重県津市）
50 彦根藩 P145・150
（滋賀県彦根市）

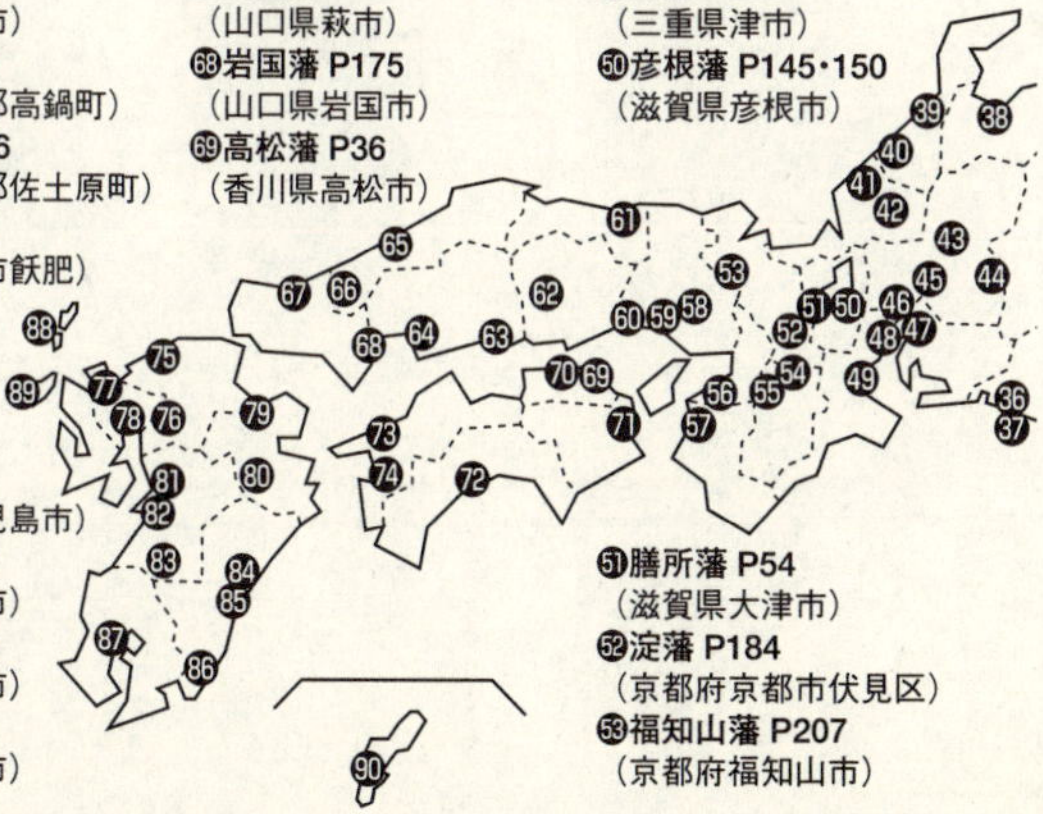

51 膳所藩 P54
（滋賀県大津市）
52 淀藩 P184
（京都府京都市伏見区）
53 福知山藩 P207
（京都府福知山市）

◆一章◆

混乱に乗じて下剋上
陰謀渦巻く藩内覇権争い

活躍が認められなかった家臣たちの明治維新後の独立分藩運動

◆徳島藩◆

江戸幕府開府以来の名門大名である蜂須賀《はちすか》家が藩主を務めていたのが、阿波《あわ》徳島藩だ。一八六六（慶応二）年の第二次長州征伐には兵を出していないが、これは尊王の立場をとったからではなく、その頃起こった公武合体論を支持していたためだった。

それを日和見《ひよりみ》的だと討幕派に非難されることもあったが、たまたま藩主・斉裕《なりひろ》が亡くなり、一八六七（慶応三）年に新藩主・茂韶《もちあき》（十四代目）が誕生すると、討幕派に加わる。

一方、蜂須賀家の筆頭家老で淡路島の洲本《すもと》城代でもあった稲田家は、淡路警護で徳島藩の海防を担当していたことから、早くから尊王攘夷《じょうい》の立場をとった。

主家の蜂須賀家も臣下の稲田家も官軍に参加した戊辰《ぼしん》戦争では、日和見だったためいまひとつ士気のあがらない蜂須賀家に比べ、稲田家家臣団の活躍はめざましかった。

さて明治維新後、武家社会の崩壊はあったものの、旧藩士たちは「士族」という新しい肩書きを手に入れることになった。ところが稲田家に仕えていた家臣たちは、「態度があいまいだった蜂須賀家が安泰なのは自分たちの働きのおかげ」と自負していたにもかかわらず、士族に組み入れてもらえなかった。

新政府にしてみれば、旧陪臣《ばいしん》までも士族に加えれば国家財政が成り立たないからやむを得ないことでも、稲田家家臣団は納得できない。自分たちの特別な立場を主張して、藩知事を介して陳情を重ねたところ、士族に取り立てる代わりに、稲田家は主従ともに北海道への入植を命じられる。

これは稲田家には受け入れられない交換条件であった。そこで、稲田家が預かっていた淡路領を徳島藩から分藩して独立、洲本《すもと》藩とし、家臣たちには特別章典の下付《かふ》を希望するという新しい嘆願をはじめる。

そして稲田家側のとどまるところを知らない要求を、藩知事への反逆だと受け取った旧徳島藩士のなかの過激派と、稲田家家臣団との間に対立関係が生まれ、襲撃事件や焼き討ち事件が引き起こされる。

襲われた洲本城下では、家屋二十五軒が焼け、死者十五人を出す惨事となったため、事件は新政府に報告され、斬罪や遠島など大量の処分者を生んでしまった。

こんな大騒動のあげく、最終的に稲田家に命じられたのは、士族に編入はされたものの、北海道への移住であった。ただし、移住にかかる費用のすべては徳島藩が負担させられて、徳川時代から尾を引くお家騒動は幕を閉じた。

今度は藩内でのいざこざから日本最後の仇討ち物語

◆赤穂藩◆

赤穂藩《あこう》は赤穂四十七士の仇討《あだ》ちで有名な藩だが、よくよく仇討ちに縁があるのか、明治のはじめに日本最後の仇討ちが起こったのも、この赤穂藩である。

仇討ち事件の発端となったのは、幕末の一八六二（文久《ぶんきゅう》二）年十二月、西川升吉《ますきち》を指導者とする下士（下級武士）・足軽《あしがる》層の尊攘派グループ十三人によって、保守派の家老・森主税《ちから》と、用人・村上真輔《しんすけ》が暗殺され、河原駱之輔《かわはらくのすけ》が自殺させられた「文久事件」である。

西川らは、藩論を尊攘に動かしたいと思ったが、上士（上級武士）層を動かせなかったため、ついに暗殺という過激な手段に訴えたのである。

暗殺決行後、西川らは脱藩して土佐藩住吉陣屋に身を寄せ、客分として待遇されたのち、翌年三月、赤穂藩と土佐藩の話し合いによって帰藩した。藩は彼らを重臣殺害と脱藩の罪で牢に入れたが、土佐藩などからの圧力により、六月に赦免《しゃめん》した。

一八六四（元治《げんじ》元）年、西川らはふたたび脱藩して長州藩に走り、維新後に赤穂

村上一族による高野山の仇討ちを伝える瓦版（赤穂市立歴史博物館蔵）

に戻ってきた。だが、そのときには、西川をはじめ五人が同士討ちや自害、病没などですでに死亡し、一派は八人に減っていた。

扱いに困ったのか、藩は彼らを岡山藩に預けたが、一八七一（明治四）年一月に復籍させた。そのときまでに一派はさらに減って、生き残りは六人になっていた。藩は、彼らと殺された村上真輔の一族との衝突を恐れ、隔離のために六人を高野山にある藩主・森家の廟所《びょうしょ》の護衛とした。

血なまぐさい衝突を避けるための隔離だったが、これがかえって裏目に出てしまう。村上一族は、仇《かたき》たちが山奥の高野山に移ったのを仇討ちの好機と考え、同年二月、一族とその助太刀《すけだち》との計七人で西川一派の六人を襲撃したのである。

戦いの結果、村上方は三人が負傷し、西川一派は全員が死亡した。仇討ちを果たした七人は、当時この地にあった五条県に自ら名乗り出て、裁判によって四人が禁固十年、三人が准流《じゆんる》十年となった。

奇しくも彼らの判決が出されたのと同じ日、仇討ちが禁止となったので、彼らの仇討ちは「日本最後の仇討ち」といわれるようになったのである。

◆姫路藩◆

形勢逆転でも争いは絶えず収拾がつかなくなってとった策とは？

幕末期、勤王か佐幕かで意見調整のつかなかった藩はいくつもあったが、その多くは重臣同士の、あるいは重臣と若い藩士たちの間での、思想の相違によるものだった。

ところが姫路藩の場合、藩主の酒井家が徳川恩顧の譜代大名であり、時の老中職にあったため、藩の立場ははっきりしており、鳥羽《とば》・伏見《ふしみ》の戦い（一八六八年）には幕府軍として参加して朝敵《ちようてき》の汚名をかぶることになった。ここから、他藩のように新政府につくか、あくまで徳川に殉ずるかで、新しい当主と、先代、先々代との意見が対立して藩内抗争を繰り返しているのだから珍しい。

徳川に殉じたいと考えていたのが、先々代の忠績《ただしげ》と、先代の忠惇《ただとう》で、新当主の忠邦《ただくに》は新政府に忠誠を誓って再出発したいと考えた。

まだ維新前、当主だった忠績は、同じく佐幕派だった筆頭家老とともに、藩内に芽生えていた勤王派の動きを弾圧する「甲子《かっし》の獄《ごく》」という事件を起こす。六人が自刃《じじん》、二人が死罪になったのを含めて、処刑者は七十人に達するという大掛かりなものである。

新政府軍が、鳥羽・伏見の戦いにはじまる戊辰《ぼしん》戦争で次々と勝利し、時代も明治と改元され、当主が忠邦に替わると、姫路藩のかつて勤王派であった人たちが政務に就き、まるで復讐のような粛清がはじまる。

かつて甲子の獄で幽閉されていた人物も復権し、対立していた佐幕派を中心に二十八人の処罰を決定する。これが「戊辰の獄」と呼ばれる報復である。しかし、忠邦はまだ十五歳と若かったこともあり、藩内の内紛は続く。

それでなくても藩内の混乱は、新政府の不興を買う。収拾がつかないと感じた忠邦は、一八六八（明治元）年暮れには、自ら版籍奉還の建白書を提出する。これは、その後に薩長土肥（薩摩・長州・土佐・肥前《ひぜん》）によって出されたものと同趣旨で、すでに新政府内でも案が練られていたところだったが、朝敵の藩から出されたものだったので新政府は無視してしまう。新政府があらためて薩長土肥に版籍奉還の建白書を提出させるのは、翌年一月。わずか二か月あとのことだった。

姫路藩もこれに従い版籍奉還するが、姫路城は国有となり、民間に払い下げられた。その後、取り壊しには費用がかかりすぎることから放置されていたが、歴史的価値が見直されて陸軍省によって保存され、現在は世界遺産として登録されている。

藩主がはっきりしないから? 明治まで引きずった藩士の対立

◆鳥取藩◆

最後の鳥取藩主・池田義徳《よしのり》は、十五代将軍・徳川慶喜《よしのぶ》の兄である。つまり水戸藩の徳川斉昭《なりあき》の息子であり、幼少の頃から水戸学を学んだため尊王思想の持ち主で、藩内にも尊王思想が育ち、藩政にあたる者の多くも尊王攘夷《じょうい》論者だった。

しかし藩主の立場上、尊王の実現方法としては穏健な公武合体を支持するというのが表向きの態度だった。それでも長州藩に共感する者も多く、天皇親政による攘夷を藩主に訴えて方向転換を迫る行動に出てしまう。

一八六三(文久《ぶんきゅう》三)年八月十七日、京都の本圀寺《ほんこくじ》に滞在していた義徳の側近四人を、藩士・河田佐久馬《かわださくま》ら二十二人が襲撃して殺害した。「本圀寺事件」である。藩主の態度があいまいなのは、彼ら側近のせいに違いないと考え、成敗して義徳に翻意を迫ろうとしたものだった。

ところがその翌日、「八月十八日の政変」が起こり、尊攘派の三条実美《さねとみ》が失脚、いわゆる「七卿下り」で長州へ落ち、長州藩の勢いも止まってしまう。

そして翌年に長州征伐が行なわれることになるのだが、鳥取藩内ではいまだ尊攘論が根強く、出兵に際しては反対論者を藩政から退けなければならないほどだった。襲撃の主犯として幽閉されていた河田は、このとき脱走して長州へ逃れ、以後、長州藩と行動をともにすることになる。

鳥羽・伏見の戦いがはじまったときは、さすがの鳥取藩も尊攘派の意見を退けることができず、討幕軍に参加する。藩主義徳は、これを恥じて引退を決意し、山陰鎮撫府《ちんぶふ》に申し出るのだが、引き止められ、藩主の座にとどま

初代鳥取県令となった河田佐久馬（鳥取県立博物館蔵）

った。

河田のほうは、長州藩とともに討幕軍に参加、東山道《とうさんどう》参謀総督となって念願を果たし、廃藩置県後は初代鳥取県令となって政治の表舞台に立つことになる。そのほかの襲撃犯の生き残りも、みな鳥取県へ呼び戻され、活躍の場を与えられた。

しかし、これだけ意志を貫いたにもかかわらず、県令となってからの河田は精彩がなく、すぐに退官している。これは、維新後の鳥取県の士族の一部に、どうしても河田を受け入れがたい心情を持つ者がいたからだ。

本圀寺事件は、尊王攘夷で藩論がまとまっていたにもかかわらず、その方法論において穏健派が過激派に襲われただけのことであり、河田らの行動に対する反感が根強かったためだと思われる。

◆尾張藩◆
御三家なのに勤王派に転身！一人芝居を打ってまで忠誠を示す

尾張《おわり》藩といえば、徳川御三家の筆頭、つまり将軍家の次に格式の高い家柄である。しかも幕末維新に十四代藩主だった徳川慶勝《よしかつ》は、十五代将軍・徳川慶喜《よしのぶ》のいとこで、佐幕派の会津藩主・松平容保《かたもり》と桑名藩主・松平定敬《さだあき》の兄でもあった。

尾張藩は戊辰《ぼしん》戦争のとき、やはり御三家の筆頭として、弟たちの先頭に立って新政府軍と戦ったのでは……と思うかもしれないが、そうではなかった。尾張藩はなんと薩長の側につき、江戸攻撃軍に加わったのだ。

尾張藩がその姿勢を明らかにしたのが、「青松葉《あおまつば》事件」である。

尾張藩は御三家の筆頭でありながら将軍を一人も輩出できず、しかも十代から十三代までの藩主は将軍家による一方的な養子縁組で決められたので、将軍家に不満を持つ家臣が多く、勤王派と佐幕派の対立が激しかった。

そんななか、慶勝が朝廷と幕府の間を取り持つため京都に滞在していた一八六八（慶応四）年一月、事件は起こった。尾張からの使者が、「渡辺新左衛門を中心とする藩内の佐幕派の一味が、幼君・義宣《よしのぶ》を擁《よう》して関東へ走り、幕府軍に加わろうとしている」と伝えたのである。

慶勝が岩倉具視《ともみ》に帰国の許しを願い出ると、「姦徒《かんと》を誅《ちゅう》するように」という朝命《ちょうめい》が出された。帰国した慶勝は、一月二十日、渡辺新左衛門をはじめ首謀者三名を名古屋城に呼び出し、その日のうちに斬首させた。さらに二十五日までに、彼ら三人を含めて計十四人が斬首となった。連座して蟄居《ちっきょ》・隠居・隠居謹慎などをいい渡された者は二十人におよんだ。

これが「青松葉事件」の顚末《てんまつ》だが、本当に佐幕派のクーデターがあったかどうか、疑問視する声も多い。また、本当に朝命が下ったかどうかについても、疑いが持たれている。

明治新政府としては、東海地方の諸大名に大きな影響力を持つ尾張藩に、新政府側だと表明させたい。一方の尾張藩は、財政難などから薩長と戦う基盤はなく、生き残るため、新政府軍への忠誠を示す必要があった。そのため、朝命として佐幕派の断罪を強行したというのである。

真相は不明だが、ともあれ、この事件によって尾張藩が新政府側についたことがはっきりし、東海諸藩もそれに倣《なら》った。

巧妙に時流に乗った尾張藩だが、御三家の筆頭でありながら新政府側に寝返ったというので、庶民には嘲笑され、尾張藩の変節ぶりを皮肉った落書きや絵が流布《るふ》した。そのうえ、明治新政府には、尾張藩士たちはほとんど登用されなかったのである。

結局勝ったのはどっち？ 跡継ぎ争いがからんで大混乱

◆岸和田藩◆

戊辰《ぼしん》戦争のとき、幕府側につくか新政府側につくかで藩論が分かれた藩は珍しくないが、これに藩主の継嗣《けいし》争いがからんで、対立が複雑になったのが和泉《いずみ》国（現・大阪府）の岸和田《きしわだ》藩である。

岸和田藩では、一八五五（安政二）年に第十一代藩主・岡部長発《ながゆき》が没したとき、子の長職《ながもと》が乳児だったため、長発の兄・長寛《ながひろ》を養子先から呼び戻して藩主に立てた。やがて、その後継として長寛の長男・三郎を推すか長職を推すか、佐幕派と尊王派で意見が分かれるようになったのだ。

尊王派の岡部結城や相馬九方《そうまきゅうほう》は三郎を推し、佐幕派の隆屋宗兵衛らは義党と称して長職を推していた。

鳥羽・伏見の戦いで幕府軍が敗北すると、長寛は、藩の存続のためには新政府側につくしかないと考え、岡部結城や相馬九方らに協力を求めて藩論を統一した。

岸和田藩は新政府の求めに応じて藩兵を派遣し、大坂の取り締まりにあたっていたが、紀州藩内が不穏との風聞があるというので、油断しないようにと注意のうえで兵を引き上げることができた。

佐幕か尊王かの問題はすっかり解決した岸和田藩だが、岡部結城や相馬九方と隆屋宗兵衛ら義党方との内紛は相変わらず続いていた。継嗣問題はまだ解決していなかったからである。

岡部結城が隆屋宗兵衛とその側近に些細《ささい》な理由をつけて謹慎させると、義党の藩士たちは長寛に結城の解任を嘆願し、実現させた。結城は京都に逃れ、彼と結んでいた相馬九方は、太政官《だじょうかん》の刑法官に義党の非を訴えた。

だが、義党もまた訴えを起こしており、結局、義党側が勝訴して、結城らの一派は流罪《るざい》・蟄居《ちっきょ》隠居・御役御免《おやくごめん》などの判決を受けた。佐幕か尊王かの争いでは自分たちの意見を通せた結城たちだが、明治になってからの争いでは負けたのだ。

岡部結城と相馬九方は流罪という判決だったが、「明治」と改元された大赦《たいしゃ》によって、流罪より軽い国元での永禁固（終身刑）となり、二年後、藩主となっていた長職に許される。

版籍奉還後、長職は岸和田藩知事に任命され、精力的に藩務を務めたが、廃藩置県により一八七一（明治四）年に免官となった。

◆柳生藩◆
過激な争いは剣豪譲り？祖先が受けた恩を返せなかった末裔

江戸時代の大名のなかで唯一、剣術によって大名に出世したのが、大和国《やまと》（現・奈良県）の柳生藩《やぎゅう》である。

柳生家は、戦国時代末期、柳生新陰流《しんかげ》剣法を編み出した石舟斎宗厳《せきしゅうさいむねよし》によって有名となり、子の宗矩《むねのり》が徳川家康・秀忠・家光の三代にわたって重用《ちょうよう》され、柳生藩一万石の藩祖となったのである。

一八六七(慶応三)年十二月、朝廷が王政復古を宣言すると、数え年で弱冠十八歳の藩主・柳生俊益《とします》と江戸詰めの家臣たちは国元に向かった。彼らは、先祖が徳川家に受けた恩を返したいと思い、「忘恩の王臣たらんより全義の陪臣《ばいしん》たらん」という熱い思いを持っていたという。

だが、彼らの品川から鳥羽までの船旅の間に、鳥羽・伏見の戦いが起こり、幕府軍は敗走していた。

藩主たちは国元の藩士たちに喜んで迎えられたが、すぐに対立がはじまった。佐幕の思いが強い江戸詰めの藩士たちに対して、国元の藩論は勤王の方向にまとまっていたのである。江戸と柳生の習慣の違いなども両者の対立を広げた。

しだいに、江戸からの藩士たちは、国家老をはじめとする国元のおもな人々を「亜相亜臣(悪い家老、悪い家臣)」と決めつけ、「紫ちりめんを用いん」と誓いあったといわれる。

紫ちりめんとは、柳生新陰流の達人たちが、戦いのあとで血糊《ちのり》をぬぐうことから、慣習として大刀の鍔《つば》にくくりつけていた布のことをいう。つまり、それを用いるというのは、暗殺を意味する。

国家老の小山田三郎助《さぶろうすけ》や松田権太夫《ごんだゆう》らは、事前にこの計画を察知し、その前に江戸側の実力者たちを捕らえる計画を立てた。藩主が京都に出張するときには、江戸側の家臣ばかり連れていくので、出張中に口実をつけて江戸側家臣を一人ずつ柳生に呼び戻し、捕らえて監禁したのである。

一八六九（明治二）年までに監禁された者のうち、江戸詰め家老・広瀬小太夫《こだゆう》がほかの者を助けるために切腹し、八人が病没した。拷問が行なわれたとか、毒を入れた小豆餅《あずき》をつくったという話も残されているから、病没者というのは拷問や毒によって殺されたのかもしれない。

「紫ちりめん騒動」と呼ばれるこの内紛により、藩主の俊益も勤王派に転身し、結果的に柳生藩は明治の新体制にもぐり込めたのだった。

◆結城藩◆
佐幕派からの養子だった藩主があろうことか自らの城を砲撃！

戊辰《ぼしん》戦争では、幕府側につくか新政府側につくかで多くの藩が議論を闘わせたが、なかには、たんに議論するだけでなく、本当に戦火を交えて、藩内で内戦になった藩もあった。結城《ゆうき》藩（現・茨城県）がまさにそうである。

一八六七（慶応三）年十二月、江戸にいた結城藩主・水野勝知《かつとも》は、幕府から江戸城半蔵口門番を命じられる一方、新政府からの上京命令には応じず、病気を理由に上京猶予願を提出していた。彼は、のちに奥羽越列藩同盟の中心となった二本松藩（現・福島県）の丹羽《にわ》家から入った養子で、実家の影響を受けた佐幕派であり、結城藩の江戸家老・水野甚四郎《じんしろう》も同じく佐幕派だったのだ。

だが、結城藩の国元では新政府寄りとなっており、藩主の態度に危機感を募らせた。そのため、国元家老・小場《こば》兵馬《ひょうま》が江戸に赴《おもむ》き、水野甚四郎を結城に連れ戻して蟄居《ちっきょ》させたが、藩主は変わらず佐幕派で、同年三月、彰義隊付属指揮役を命じられた。

国元は幕府に役儀赦免《しゃめん》願を出し、勝知に帰藩するよう懇願し続けたが、その間に国元で蟄居中の水野甚四郎が脱出して江戸に向かい、勝知や江戸の丹羽家の家臣らとともに結城藩邸を占拠した。

国元の家臣たちは驚き、藩主の交替を朝廷に願い出た。これに対して勝知は、佐幕派の結城藩士と彰義隊を率いて、自分の城であるはずの結城城を砲撃したのである。

城側では、藩主が先頭に立って攻撃してきては反撃もままならない。勝知はあっさり結城城を取り戻し、国元家老・小場兵馬を捕らえて監禁したが、十日もしないうちに新政府軍の攻撃を受けて、ふたたび結城城を奪われてしまった。城を落ち延びた勝知は新政府軍に捕らえられ、津藩に預けられたうえ、隠居謹慎となった。結城藩は、前藩主の子・勝寛《かつひろ》が藩主となって新政府に取り入れられたが、一千石の減封となってしまった。

新政府軍の追及は結城藩の佐幕派にもおよび、水野甚四郎とそのほか三人の佐幕派藩士が処刑された。また、新政府軍に救出された小場兵馬は、藩内で戦闘になった責任をとって自殺している。

藩主自ら居城を攻撃した例は、全国でも珍しいが、これも藩主が佐幕派の藩からの養子だったことが招いた悲劇といえるだろう。

相次ぐ藩内のゴタゴタにより県名に名を残せなかった藩

◆高松藩◆

藩主が尊王攘夷《じょうい》論者だった藩なら、明治維新のときには有利な立場に立っただろうと思うところだが、話はそう単純ではない。讃岐《さぬき》国(現・香川県)の高松藩は、藩主・松平頼聰《よりとし》が尊王攘夷運動のさかんな水戸藩から入った養子で、おそらく尊攘論者だろうといわれながらも、朝敵《ちょうてき》にされてしまっている。

高松藩は、鳥羽・伏見の戦いのとき幕府側に派兵して戦ったので、朝敵と見なされたのだ。

新政府側の土佐藩・丸亀藩・多度津《たどつ》藩が高松城下に進駐すると、頼聰は家老二人の首を差し出し、自身は浄願寺で恭順の姿勢を示して、慶喜《よしのぶ》討伐の戦いに参加して功績を挙げるという条件付きで許された。

なんとか条件を満たして朝敵の罪名を晴らした高松藩だが、版籍奉還して頼聰が藩知事となったあとの一八六九（明治二）年九月、ふたたび危機が訪れる。執政の松崎渋右衛門《しぶえもん》が高松城内にあった軍務局で刺殺され、藩はそれを「乱心のうえ自殺した」として届けたのだが、その嘘が新政府にばれてしまったのである。

渋右衛門は、幕末には尊攘派で、藩内の佐幕派と対立し、明治になってからは兵制をめぐって軍務局と対立していた。軍務局ぐるみで殺されたのだが、その背景には新政府に反感を持つ保守派勢力の存在があったともいわれている。

また、頼聰はかつて渋右衛門に迫られて、上洛の際の安全のため、井伊直弼《いいなおすけ》の娘である妻を離縁しており、それを恨んで謀殺を命じたとも考えられた。

事件を取り調べた弾正台《だんじょうだい》も、朝廷の新政に反感を持って勤王家の渋右衛門を殺したのではないかという点と、頼聰が命じたのではないかという点を疑った。

厳しい取り調べにより、犯人とされた十四人のうち八人が獄死し、一八七一（明治四）年七月の判決で三人が斬罪となり、頼聰をはじめ九十人が罪に問われた。

さらに、同月の廃藩置県により高松藩は高松県になり、頼聰が高松を去るとき、またもや騒ぎが起こった。領民たちが頼聰の上京を阻止しようと暴動を起こしたのである。

これらは、旧藩主への惜別の情や新政府への不安・不満もあったかもしれないが、どうやら最大の原因は旧高松藩が発行した大量の藩札《はんさつ》にあったようだ。紙幣にあたる藩札が紙屑になってしまうというので、領民の不安や不満が爆発したと考えられている。

高松の相次ぐゴタゴタは、廃藩置県後も尾を引いた。一度は高松県となったものの、同年十一月には倉敷、丸亀県領内の讃岐を吸収して香川県となる。このとき県名に高松と残せなかったのも、絶えないトラブルが少なからず影響しているとされている。

◆黒羽藩◆ 奇しくも王政復古の当日に謎の死を遂げた藩主

動乱の時代に英明な藩主が急死すれば、藩は大打撃を受けるが、皮肉にもそれでかえって生き残る道が開けたのが、下野国《しもつけ》（現・栃木県）黒羽《くろばね》の外様小藩・黒羽藩一万八千石である。

黒羽藩では、一八六一（文久元《ぶんきゅう》）年、お家騒動で失脚した前藩主に替わって、遠江国《とおとうみ》（現・静岡県）横須賀藩主の孫・大関増裕《ますひろ》が新藩主となった。

増裕は、西洋式兵術と兵制の改組による軍制改革や財政基盤の確保・人材登用を三本の柱とする藩政改革を行ない、一八六五（慶応元）年、江戸に出て新設の海軍奉行となり、その翌年に若年寄次《わかどしより》、さらにその翌年には若年寄へと出世していった。その一方で、討幕派との戦いに備えて黒羽藩の軍備も整えた。

だが、一八六七（慶応三）年十月に十五代将軍・徳川慶喜《よしのぶ》が大政奉還すると、幕府の要職にあった増裕は大きな衝撃を受け、十一月には藩の生き残りを賭けて、ひそかに朝廷への接近をはかった。

この年十二月三日、増裕は二十日限りの帰国許可を願い出て江戸を発《た》ち、黒羽に帰国後まもない同月九日、謎の死を遂げる。狩猟に出て、自分の猟銃の弾丸によって死亡したのである。

彼の帰国の目的も、死因が自殺なのか他殺なのか、それとも事故死なのかもわかっていない。

増裕の急死した日は、奇しくも王政復古の大号令が発せられた日で、死後、黒羽藩は誕生したばかりの新政府への恭順を決定した。藩の重臣たちの心は、すでに徳川幕府から離れていたのだ。あるいは、それは朝廷に接近しようとしていた増裕自身の遺志でもあったかもしれない。

翌年の戊辰《ぼしん》戦争で、黒羽藩は新政府軍の一員として戦った。皮肉なことに、かつて幕府のために整えていた軍備のおかげで、黒羽藩は小藩にしては破格の戦功を挙げたのである。

もしも増裕が生きていれば、彼が朝廷寄りの姿勢を多少見せていたとしても、幕府の要職を務めた身でありながら新政府軍に参戦していたら、藩が逆賊にされずに生き残るのは難しかったのではないだろうか。

◆水戸藩◆

尊王攘夷の火付け役だったが政変そっちのけで内乱に専心

一八六〇（万延元）年桜田門外の変で、朝廷を無視して日米修好通商条約を結んだ井伊直弼《いいなおすけ》を暗殺したのが、水戸藩士を中心にした過激派だったことからもわかるように、水戸藩には早くから尊王攘《じょう》夷《い》思想が芽生えていた。その流れの先にあるのが、一八六四（元治《げんじ》元）年三月の天狗党《てんぐとう》の旗揚げだ。亡き藩主・徳川斉昭《なりあき》の遺志

水戸城を襲撃する天狗党の錦絵（水戸市立博物館蔵）

を奉じるという名目で、筑波山《つくばさん》に挙兵したのである。

彼らの思想的指導者は藤田東湖《とうこ》で、安政の大地震で亡くなった彼の跡を継いだのが四男の小四郎だった。上洛した十四代将軍・徳川家茂《いえもち》が朝廷に攘夷を約束しながら実行しないことに業《ごう》を煮やして、急進思想の志士を募り、攘夷のための挙兵となった。

天狗党には、水戸藩士にとどまらず、近隣の尊攘派も参加し、旗揚げのときは同志が六十三人だったのが、数日のうちに百人以上にふくれ上がり、五月には千人規模の集団へと成長する。小四郎らは、この旗揚げに尊攘派の志士が集結し、大きな勢力となることを確信していたのだが、ことは思わぬ方向へ進展する。

当時の水戸藩は、斉昭に重用《ちょうよう》されていた同じ尊攘派の武田耕雲斎《こううんさい》が重臣でいたため、天狗党は大きな後ろ盾を持った気でいたが、挙兵しているすきに藩内の佐幕派である諸生党が尊攘派の追い落としに成功する。

幕末において、どの藩でも尊王・佐幕といった対立はあったが、水戸藩も同じであった。勢いづいた諸生党は、藩の重臣を保守派で固めたうえ、天狗党系の藩士を締め出してしまう。

失脚した耕雲斎をあらためて総帥《そうすい》に置いた天狗党は、旗揚げを脅威に感じた幕府からの追討軍を一時は破るものの、あてにしていた長州軍が蛤御門《はまぐりごもん》（禁門）の変に敗れて退却したため、さらなる進軍が不可能となり、とりあえずの標的を水戸藩の諸生党に変更する。こうなると、もう水戸藩の内乱でしかなくなる。

幕府も水戸支藩であった宍戸《しど》藩主・松平頼徳《よりのり》に鎮圧を命ずるものの、固く門を閉ざした諸生党に手を焼き、天狗党とともに攻撃をはじめる始末。おまけに軍資金調達という名目で近隣の農民らから強奪を繰り返していた天狗党は反感を招いた。

あらためて近隣諸藩と連合して討幕軍が組織され、しだいに追い詰められていく天狗党。ついには京都へ上っている徳川慶喜《よしのぶ》に直訴《じきそ》しようと西へ向かうが、逆に慶喜が天狗党討伐の軍を出すことを知って投降、多くが処罰されてしまった。

しかし大政奉還後に、残党が諸生党に激しい報復行動に出るなど、水戸藩の内乱は長引き、本来なら尊王攘夷派の先駆けとして長州藩同様に重要な役割を担ったであろうところを、内政だけで手いっぱいとなり、表舞台に出ることなく維新を迎えたのだった。

これも家臣の乗っ取り？ 藩主不在で行なった必死の復興活動

◆松山藩◆

戊辰《ぼしん》戦争の緒戦となった鳥羽・伏見の戦いが起こったとき、徳川慶喜《よしのぶ》とともに大坂城にいた旧幕府老中・板倉勝静《かつきよ》は、備中《びっちゅう》国（現・岡山県）の松山藩五万石の藩主だった。そのため、松山藩は、鳥羽・伏見の戦いで幕府軍が敗退したあと、苦境に陥《おちい》ってしまう。藩主が慶喜を助けたというので、新政府軍から錦《にしき》の御旗《みはた》を渡された岡山藩が松山藩征討を命じられ、松山藩は朝敵《ちょうてき》にされてしまった。

松山藩では、家臣・山田方谷《ほうこく》らが、長州軍が迫った場合に戦う準備を整えていたが、鳥羽・伏見の敗戦や、勝静が慶喜に従って江戸に向かったことなどがわかると、松山城を開城して板倉家の家名存続を嘆願することに藩論が決定した。藩主・勝静が不在で慶喜側にいるため、松山藩は、藩主の一族・板倉千代太郎と家老の子を人質にして、藩主の動向とは無関係に勤王を尽くすと誓ったのである。

そんな折、勝静の親衛隊長・熊田恰《くまたあたか》が、勝静に帰藩を命じられて、隊士百五十余名とともに玉島（現・倉敷市）に戻ってきた。岡山藩は松山旧藩庁に熊田の首級を要求し、それを知った熊田は、隊士たちの助命嘆願の手紙を残して自刃《じじん》した。彼の最期には、戦火を免《まぬが》れた玉島の人々はもとより、岡山藩主までが感動したという。

熊田の犠牲のうえに朝敵となるのを免れた松山旧藩は、藩の復興運動を執拗《しつよう》に展開した。山田方谷ら旧藩士たちだけでなく、領民たちも熱心に旧藩復興運動を行なった。領民たちは、岡山藩の鎮撫使《ちんぶし》の施政に不満を持ち、旧藩時代をなつかしがっていたという。

旧藩士たちや領民たちが藩の復興に心を砕いている頃、藩主の勝静は関東におり、しかも勝静は、慶喜が恭順の意を表明して蟄居《ちっきょ》したのちも戦意満々だった。彼は、奥羽越列藩同盟の参謀になり、さらにその後、榎本武揚《たけあき》が指揮する旧幕府海軍の戦艦に乗って、箱館戦争に加わってしまったのだ。

まずいと思った松山旧藩は、苦心して勝静を東京まで連れ戻した。そのまま勝静を外遊させる予定だったが、藩の復興が思わしくないことから藩論が硬化し、新政府への謝罪自訴を勝静に求めた。

勝静は自訴し、一八六九（明治二）年八月、子の勝弼《かつすけ》とともに安中《あんなか》藩に終身禁固の刑となり、翌月、二万石に減封されながらも、松山藩は再興された。

藩の苦境をよそに行方不明となった藩主

◆唐津藩◆

肥前国《ひぜん》（現・佐賀県）の唐津《からつ》藩は、一八一七（文化十四）年に小笠原長昌《ながまさ》が奥州棚倉《たなくら》より転封《てんぽう》して以来、小笠原氏の所領となった。一八四一（天保《てんぽう》十二）年に信濃の松本藩から養子に入って藩主となった長国《ながくに》のとき、幕末維新を迎える。

長国は、長昌の子で十歳年下の長行《ながみち》を養子にし、一八五八（安政五）年から唐津藩政をまかせたので、藩士の間に大殿派と若殿派の対立が生まれた。

それでも、もしも時代が幕末でなく、長行が幕閣に入らなければ、事態はそれほど深刻にならなかったかもしれない。一八六二（文久《ぶんきゅう》二）年に幕閣に入り、その年のうちに老中格にまで出世して、最終的に老中にまでなったのが、唐津藩にとって大きな不運となった。

長行は、一八六四（慶応元）年の第一次長州征伐で徹底攻撃を主張し、翌々年の第二次長州征伐では幕府軍を指揮して敗北した。譜代藩であり、長行が老中になっている関係から、唐津藩は佐幕派の態度をとってきたのだが、鳥羽・伏見の戦いで幕府側が敗れると、長州藩から憎まれていることもあり、唐津藩が追討を受ける恐れが強くなってきた。

藩内では、大殿派が長国を中心に唐津藩の保身をはかろうとし、若殿派が長行を擁《よう》して幕府を守ろうと主張していたが、長国はついに、藩の存続のため新政府に協力すると決断し、藩論を統一して、佐賀藩に新政府へのとりなしを頼んだ。

だが、新政府からは、長行を切腹させるか唐津で蟄居《ちっきょ》させなければ勤王と認めないという冷たい返事が返ってきた。唐津藩は長行を呼び戻し、廃嫡《はいちゃく》したうえで謹慎させようとしたが、藩の苦境をよそに、長行はあくまで幕府方として行動し、東北に走ってしまった。

結局、唐津藩は、長行が行方不明というので、長国が京都で閏《うるう》四月五日まで謹慎を続け、帰順を認められた。それでも、長国にも藩士たちにも、佐幕の立場から行動した長行への温情は失わなかったようで、長行の子・長生《ながなり》を長国の継嗣《けいし》としている。

江戸諸藩なるほど裏話 ※ 北海道 東北

◆松前藩◆

幕府にはナイショ？
何の特権もなかったアイヌ民族との交易

松前藩といえば、蝦夷地《えぞ》でのアイヌ民族との交易を独占した藩として知られている。松前藩の支配下でアイヌ民族が苛酷な収奪を受けて、一六九六（寛文九）年、首長の一人、シャクシャインが起こした反乱も有名だ。

こういったアイヌ民族への収奪と松前藩の強権は、幕府から許可されたと思われがちだが、そうではない。

一六〇四（慶長九）年、徳川家康は、松

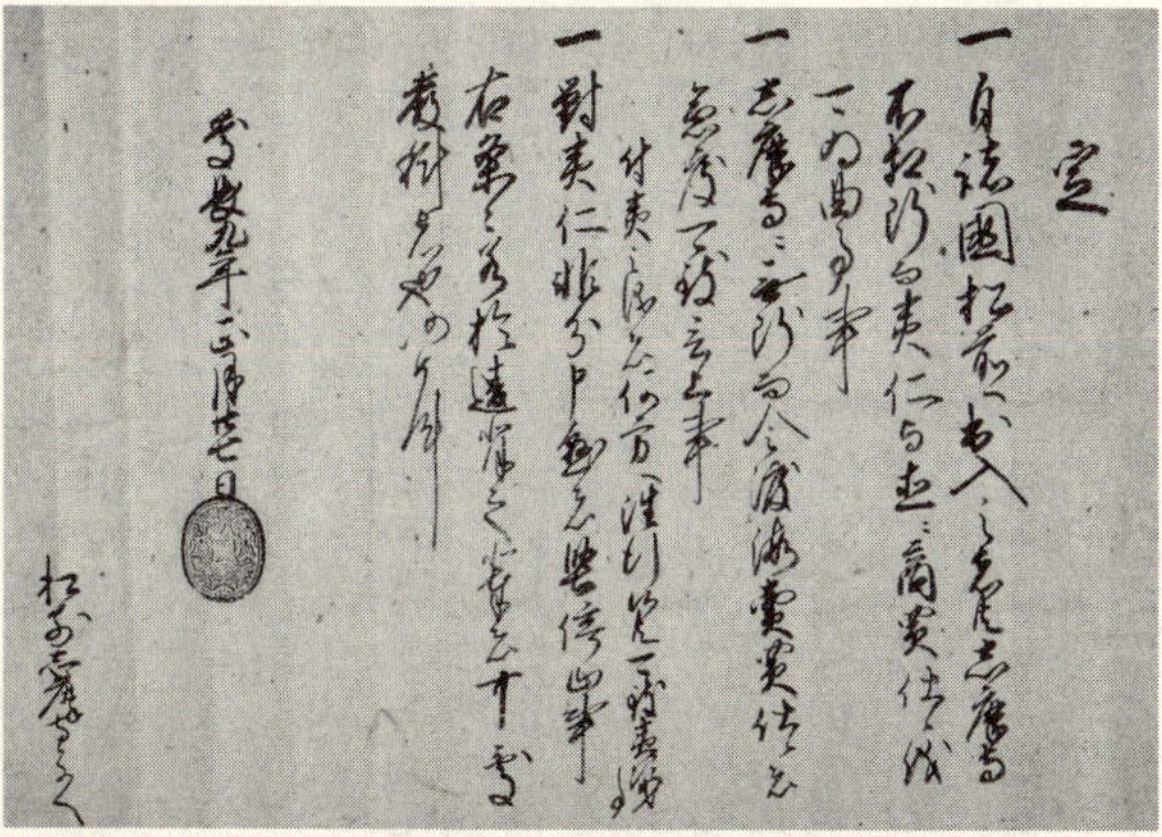
定
一 自諸国松前へ出入之者、志摩守不相断而夷仁与直商売仕候儀、可為曲事
一 志摩守ニ無断而令渡海売買仕候者、急度可致言上事
付、夷之儀者、何方へ往行候共、可致夷次第事
一 対夷仁非分申懸者、堅停止事
右条々若於違背之輩者、可処厳科者也、仍如件
慶長九年正月廿七日
松前志摩守とのへ

松前慶広に与えられた徳川家康の黒印状（北海道開拓記念館蔵）

前藩主・松前慶広《よしひろ》に、「黒印状《こくいんじょう》」と呼ばれる書状を与えたが、家康が認めた松前氏の権利は、「松前氏に断りなく直接アイヌ民族と交易するのを禁じる」「松前氏に無断で渡海して交易するのを禁じる」の二点である。アイヌ民族については往来を自由とし、「アイヌ民族に対して不条理なことをするのを固く禁じ、違反者は厳罰に処すように」としている。

つまり、家康は、松前氏をアイヌ民族との貿易の届け出先として指定しただけで、蝦夷地の領有権もアイヌ民族に対する支配権も認めてはいなかったことになる。

だが、松前藩は、この黒印状を蝦夷地の支配権の根拠とし、幕府に秘密にしたまま、アイヌ民族からの収奪をはかった。松前藩では農業による収穫が望めず、アイヌ民族との交易に財政基盤を置いていたので、アイヌ民族に対して非道な収奪を行なうようになっていったのである。

◆天童藩◆
絵が欲しければ金を払え！ 江戸家老のちょっと変わった金策

江戸時代、多くの藩が財政難で苦労したが、なかでも出羽国《でわ》（現・山形県）の天童藩《てんどう》は深刻だった。二万石の小藩なのに、藩祖が織田信長の次男・信雄《のぶかつ》という由緒ある藩ということもあり、官位や江戸城内の席次といった格式面では大藩並みの扱いを受けたので、収入に対して出費がかさんだのだ。やむなく家臣の俸禄《ほうろく》を借り上げる引高制などで対処しているうち、窮乏に耐えきれず、藩を去っていく者も続出した。

そんななか、江戸家老の吉田専左衛門《せんざえもん》がユニークな方法で金策をしている。

専左衛門は文人肌の人物で、江戸暮らし

が続くうちに、蜀山人《しょくさんじん》（大田南畝《なんぼ》）の弟子・鹿都部真顔《しかつべのまがお》の門弟となって狂歌を学んだ。

やがて彼は、『東海道五十三次』で評判の浮世絵師・安藤広重と狂歌を通じて親しくなり、藩財政の窮乏を救う名案を思いついた。広重に肉筆画を描いてもらい、国元に送って、藩内の富裕な商人や豪商に「献金すれば広重の肉筆画を贈る」と呼びかけたのである。

藩内の一般庶民は貧しくとも、宿場町の天童には富裕な商人が何人もいる。稀少な広重の肉筆画が手に入るとなれば、献金してくれると考えたのだ。

広重は二百幅の肉筆画を描き、天童藩は計約三千両もの献金を集めたという。この肉筆画は全部が献金者に贈られ、「天童広重」と呼ばれた。そのいくつかは、かつて天童藩の領地だった地域に現存しているという。

◆白河藩◆
現代社会を先取りしていた？ 充実の福祉制度を施行した藩主

老人や赤ん坊などといった社会的弱者を支援する福祉制度は、現代社会だけのものではない。江戸時代に、現代社会を先取りするような福祉制度を施行したのが、陸奥《むつ》国（現・福島県）の白河藩主・松平定信である。

定信は、徳川家の御三卿《ごさんきょう》の一つ田安《たやす》家に生まれ、十七歳のときに松平家の養子となり、九年後の一七八三（天明三）年、白河十一万石の藩主となった。

この年、定信は、農村での間引きの悪習をなくそうとし、間引きせずに五人以上の子を育てている者に米一俵を与え、一七九〇（寛政二）年からは赤子養育料の支給をはじめた。

また彼は、毎月「年寄りの日」を設け、その日には年寄りを城に呼び、自分の政治などについて意見を聞いた。体が不自由で歩けない年寄りには城から迎えの駕籠《かご》を出し、足の不自由な年寄りには城内で杖をつくことを許す場合もあった。

この福祉重視の精神は老中となってからも変わらず、江戸の貧民救療施設「小石川養生所」を拡大整備している。

こういった弱者に対する福祉だけでなく、定信は、広く庶民のための福祉事業も行なっている。老中を引退して白河に帰藩したのち、城下の南に現存する「南湖《なんこ》」という庭園をつくらせたのである。一般庶民に広く開放された庭園として、近代公園の先駆けといわれている。

◆二章◆

果たして結末はいかに!?
貧乏藩の財政革命

贋金づくりが発覚！版籍奉還すらできなかった藩

◆福岡藩◆

豊臣秀吉の軍師であった黒田如水《じょすい》の息子・長政にはじまる福岡藩は、五十二万石の大藩である。ただ黒田氏直系の子孫は三代で絶え、あとは養子により家名を保ってきた。幕末の藩主は、薩摩藩から迎えた養子の長溥《ながひろ》で、兄が島津斉彬《なりあきら》、姉が十一代将軍・徳川家斉《いえなり》の正室という、どっちつかずの立場の人物だった。

本人は兄に似て洋学を好み、西洋文明の導入を試みたりするのだが、重臣たちは保守的で、長溥らしい政治の特色は出したくても出せない状況があった。勤王か佐幕かといえば、長溥自身の姿勢も藩の方針も、基本的には佐幕であった。

では、勤王派の活動が貧弱だったかというと、そうでもないのである。

中老の加藤司書《ししょ》を中心に、藩の方針を尊王攘夷《じょうい》に転じるべきだという建白書が、早くも桜田門外の変の直後に出されていて、藩主の怒りに触れた何人かが流罪《るざい》にされ、勤王派の動きが下火になっているから、藩の方針は揺るがなかったことがわかる。

これ以後、時代は大きく動き、朝廷が開国か攘夷かで揺れ動くたびに諸藩が右往左往するなか、福岡藩は佐幕という立場をしっかり持ち続けていたといっていい。

ところが公武合体論が持ち上がると、長溥がこれに乗って薩摩や肥後とともに推進派に回る。幕府と長州の間の関係において、蛤《はまぐり》御門《ごもん》(禁門)の変のときも長州征伐のときも仲介役を買って出たほどだ。

これに力を得た藩内の尊王派は、ふたたび活発に動きはじめる。そしてついに、一八六五(慶応元)年には藩政の中枢は尊王派で占められることになった。しかし幕府を恐れた長溥がふたたび佐幕へと方針を変えたため、彼らへの弾圧がはじまる。勤王藩政は一年も持たずに瓦解《がかい》し、加藤司書ら七人の切腹をはじめ、十四人が斬首、十五人が流刑となったほか、数十人を処分して幕府に面目を保つ。

それもつかの間、すぐに王政復古となったため、今度は朝廷の手前、勤王派処分の責任者として家老三人を切腹させねばならなかった。戊辰《ぼしん》戦争においても、二千三百人もの兵を派遣し、さしもの大藩も財政難を抱え込む。

その解消に、福岡藩が手を染めたのが贋金《にせがね》づくりだった。この時期、多くの藩が背に腹は替えられずに手を染めているが、福岡藩は維新前の勤王派処分のいきさつがあるだけに新政府の目は厳しかった。

一八七〇(明治三)年、福岡城に新政府の調査が入り、首謀者五人は斬首、ほかに財政担当者五十人あまりが処分された。長溥の跡を継いで藩知事となっていた養子の黒田長知《ながとも》は、新政府に恭順の意を示す証《あかし》として、領地領民を返上してことを収めてもらった。これで福岡藩は、新政府が版籍奉還を決定するより前に実体をなくした、ただ一つの藩となったのだった。

弾圧事件が尾を引いた？藩のシンボルを売却した財政事情

◆膳所藩◆

幕末には、勤王と佐幕に藩論が分裂して対立した藩が多かったが、近江《おうみ》国（現・滋賀県）の膳所《ぜぜ》藩も両者の対立の激しい藩だった。たんに対立しただけでなく、一八六五（慶応元）年、膳所藩では「十一烈士事件」と呼ばれる血なまぐさい事件を引き起こしている。

膳所藩は、尊王攘夷《じょうい》運動が武士だけでなく庶民にまで広まり、一時は藩論が尊王攘夷に傾きかけていた。だが、一八六三（文久《ぶんきゅう》三）年に長州藩や尊攘派の公卿が京都を追われる「八月十八日の政変」が起こり、京都で公武合体派の勢力が強くなると、膳所藩でも佐幕派が勢力を強め、尊攘派との対立がいっそう激しくなっていた。

事件はそんな状況下で起こった。一八六五（慶応元）年五月に上洛の途についた十四代将軍・徳川家茂《いえもち》は、京都に到着する前夜の閏《うるう》五月十七日に膳所城内を宿所とする予定だったが、城内に不穏な動きがあるというので予定が変更された。さらに、将軍の宿所にあてる予定だった御殿の修理・清掃を担当していた保田信解《やすだのぶとき》をはじめ、七十人以上の藩士が将軍暗殺をもくろんだという罪に問われて投獄され、うち十一人が同年十月に処刑されたのである。

今日では、将軍暗殺計画はなく、膳所藩の尊攘派藩士を一掃するための口実か、または膳所藩の尊攘派の動きを探っていた京都守護職・会津藩の早合点ではないかといわれている。

この事件により尊攘派の中心人物たちが処刑されたためか、膳所藩では藩内に尊攘思想が広まっていたのにもかかわらず、その後、維新に向かっての動きに積極的にかかわることはなかった。

一八六八（慶応四）年一月、鳥羽・伏見の戦いのあと、勝利した新政府軍の斥候《せっこう》（敵軍の動静などをひそかに探るために差し向ける兵）が膳所藩を訪れて、譜代大名として幕府を守るか、新政府軍側につくかの二者択一を迫ったとき、膳所藩はようやく新政府軍側につくという選択肢を選び、出兵した。

だが、「十一烈士事件」が尾を引いたようで、膳所藩は、多額の戦費を費やして新政府軍のために戦いながらも明治新政府では影が薄く、三十万両におよぶ累積負債により財政破綻《はたん》の状態に陥《おちい》った。しかも膳所城は琵琶湖中に突き出た水城《みずしろ》のため、毎年莫大な修理費がかかる。

戊辰《ぼしん》戦争の戦費を中心に借金を抱えた膳所藩は、一八七〇（明治三）年、全国に先駆けて廃城願を出し、本丸から石垣まで千二百両で売却して、藩のシンボルを失ったのである。

藩論を決めかねていた結果旧藩士は農業をするはめに

◆弘前藩◆

東北地方の諸藩の例にもれず、弘前《ひろさき》藩も奥羽越列藩同盟に参加していたが、なかなか藩論を決めかねていた。

一八六八（慶応四）年の鳥羽・伏見の戦いのあと、すぐに京都を出発した奥羽鎮《ちん》撫《ぶ》総督が兵士を伴って仙台入りし、秋田藩には庄内藩征討令が出され、弘前藩にもその助成が命じられる頃になっても藩論は定まらず、軍備を整えるにとどまっていた。

新政府が弘前藩に疑惑の目を向けても当然である。そんな頃、藩主・津軽家が本家と仰ぐ近衛《このえ》家から、徳川慶喜《よしのぶ》も会津藩も朝敵《ちょうてき》と談じられているという情報が入り、弘前藩の勤王派への転身が決まる。そしてすぐに秋田藩へ軍勢を送り出した。おかげで弘前藩は本領を安堵されたものの、追い討ちをかけるようにやってきたのが財政の困窮だった。箱館戦争の際、官軍の兵力の六割を提供したうえ、後方支援の役割は重く、使った軍費が多額に上ったからである。

恩賞として、新政府からの下賜金はあっても出費をすべて補えるわけもなく、維新の翌年の飢饉《ききん》で傷を深め、藩士の家禄を削るほか道はなかった。政府が発行した太政官札《だじょうかんさつ》を借り受けて、その裏づけのもとに藩札《はんさつ》を発行する方法もとってみたが、すぐに藩札は整理されることになり、一時的な効果しか得られなかった。

そこで弘前藩がとったのが「帰田《きでん》法」である。充分に家禄を払うことができない旧藩士たちに、無償か、ごくわずかな代金で農民から土地を譲り受けて分与したのである。早い話が、かつての武士たちに農業をさせようというものだ。

弘前藩では、藩知事となっていた旧藩主・津軽承昭《つぐあきら》が、自ら豪農・豪商に「帰田法」の重要性を訴え、土地の提供を求めている。十町《ちょう》歩《ぶ》以上の土地の所有者に協力を求めたが、集められた土地の三分の一は献田という名の無償供出であった。

集まった土地は、水田が二千八百七十四町歩あまり、畑が五十町歩ほどで、四千三百五十六人の旧藩士たちに、それまでの家禄に応じて分け与えた。

ただ旧藩士のなかには、分与された土地を転売して現金化した者もおり、分与した九年後の調査では、土地を所有し続けていたのは六百七十二人で、結局多くの士地は旧藩士の手を離れてしまった。

◆松代藩◆ 莫大な戦費の穴埋めのため藩営企業を設立

戊辰《ぼしん》戦争で最初から新政府側だった藩なら、明治時代に有利だっただろう……と思うかもしれないが、実は新政府は、味方だった藩にそうやさしかったわけではなかった。信濃国（現・長野県）の松代《まつしろ》藩のように、早い段階から新政府側として戦いながら、維新後に冷遇された藩もある。

松代藩は、早くから長州の志士と通じていた京都留守居役・長谷川昭道《あきみち》が、鳥羽・伏見の戦いが起こるとすぐさま江戸に赴いて藩主を説得、続いて松代に帰って藩論を統一し、松代藩は迷わず新政府方についた。

戦いに消極的な藩も多いなか、松代の藩兵たちは越後や奥羽で勇敢に戦った。だが、戦いの結果、松代藩は多額の戦費を費やしたため、もともと苦しかった藩財政はさらに困窮する。

この財政難を乗り切るため、一八六九（明治二）年、松代藩は苦肉の策として、

「松代商法社」という一種の藩営企業を設立し、商社札という藩札《はんさつ》を発行した。藩札で強制的に領内の産物を買い集め、それを横浜に出荷して収入を得ようとしたのである。

松代藩のこの目論見《もくろみ》は、主要産物である蚕種《さんしゅ》（蚕の卵）の価格暴落などでうまくいかなかった。そこへ、一八七〇（明治三）年、政府は、各藩の藩札を政府発行の太政官札《だじょうかんさつ》と引き替えるようにと通達してきた。

松代藩は、商社札と太政官札を等価通用と布告したが、政府は、商社札の引き替え相場を二割五分引きと命令した。つまり、領民たちが藩に産物を売って受け取った藩札が、四分の三の価値になってしまうのである。

たちまち領民たちは動揺し、領内全体におよぶほどの大一揆が起こった。藩知事・真田幸民《ゆきもと》は、「商社札の割引なし」などの一揆側の条件をのんだが、新政府はそれを許さなかった。

結局、一揆側は多数が処罰され、この騒動は藩政の失策だという理由で、幸民は謹慎、関係役人たちも閉門や謹慎を命じられた。もとはといえば戊辰戦争で新政府軍として戦ったのが最大の原因だったのだから、気の毒な話だ。

◆盛岡藩◆

藩主引き止め一揆が白熱！ しかしその代償は大きかった

一八六八（慶応四）年、京都の鳥羽・伏見の戦いで幕を開けた戊辰《ぼしん》戦争は、官軍が江戸を制圧、その後は東北地方に舞台を移す。

江戸からも遠く、京都からはさらに遠隔の地であった東北諸藩は、官軍の総督府から会津藩を中心とした賊軍の討伐令が出て、錦《にしき》の御旗《みはた》が渡されたにもかかわらず、中途半端な出兵しかせず、討伐よりは投降させて助命嘆願の道を勧めるべきだと藩論をまとめていく。

その中心的存在が盛岡藩だった。ことを穏便にすませようとする盛岡藩の進言に、武力制圧しかないと決定していた総督府は、この盛岡藩をも賊軍と見なしてしまう。ここに盛岡藩は朝敵《ちょうてき》となり、降伏後は厳しく裁かれることになった。

こんな盛岡藩だったから、維新後に起こった農民一揆も、同様に一揆を招いた諸藩とは趣《おもむき》を異にしていた。他藩のような圧政に対する世直し一揆ではなく、藩や藩主・南部利剛《としひさ》に対する新政府の処遇に不満を唱えて立ち上がったのである。

盛岡藩への処罰の第一は、それまでの二十万石から減領して、仙台藩領白石へ転《てん》封《ぽう》することだった。領民はこれに対し、国替え反対運動を起こした。また、盛岡領の一部が、隣国である弘前《ひろさき》藩の取り締まり領とされたことも、領民の反感をかき立てたようだ。

反対運動は、嘆願書の提出にはじまり、村の代表が集団で盛岡支藩の八戸《はちのへ》侯に嘆願直訴《じきそ》したり、東京へ陳情団を送ったりしている。

内容は、飢饉《ききん》の折に藩主の政策に助けられたことや、尊敬できる藩主を持った領民の幸せを述べたりして、藩主・南部氏が盛岡にとどまれるよう嘆願したものだった。それだけでなく、弘前藩支配下に置かれることになるなら、田畑を焼き払って焦土にすることも辞さないという過激な内容だった。

この激しい抵抗に、新政府は方針の変更を余儀なくされる。一八六八（明治元）年十二月に出された国替えの処罰決定が、翌年七月にはひっくり返り、藩主の盛岡復帰が認められるのである。ただし、これには七十万両の献金の条件がつけられた。新しい盛岡藩十三万石としては、莫大な額にあたるものだ。

新しい藩政は、旧藩時代の革新派が中心となったが、守旧派も力を残しており、ときに対立を見せ、それが東北統括機関である按察府《あんさつふ》の思うツボとなる。献金を催促し、それが不可能と見ると未納の代償として三万五千石の削減をいい渡すのである。十三万石に減石されただけでもたいへんなのに、さらに少なくなれば藩政は成り立たない。結局は廃藩の道を選ぶしかなく、盛岡藩知事を任じられていた南部利《とし》恭《ゆき》が辞職、ほかの藩より一足先に盛岡藩の廃藩が決まり、盛岡県が置かれたのだった。

◆庄内藩◆
朝敵にもかかわらず見事な戦後処理で乗り切る

官軍に、会津藩に並ぶ朝敵《ちょうてき》と見なされていたのが庄内藩だ。戊辰《ぼしん》戦争の前年の一八六七（慶応三）年、江戸の市中警護にあたっていた庄内藩が、幕府挑発のために薩摩藩が雇い入れた不逞《ふてい》の輩《やから》が出入りしていることを理由に、藩邸を焼き討ちしたことが、薩摩藩に逆恨《さかうら》みされていたからだ。

奥羽越列藩同盟の中心だった庄内藩が戦いに敗れ、賊軍としての戦犯処罰が行なわれることになったとき、藩が一致してことにあたったので首謀者はいないと申告したあたりから、領内の結束と、それにもとづく戦後処理のうまさが目についてくる。

首謀者なしでは新政府が納得するはずもなく、しかたがないので戦いのなかで命を落としていた家老の名を挙げてことを収める。そして、藩への処罰として、こともあろうに会津への転封《てんぽう》が命じられたときも、難局を乗り切ることに成功している。

旧藩時代に中老の補佐役だった菅実秀《すげさねひで》が、数百回にわたって嘆願書を提出し続けた結果、ついに会津案を撤回させ、磐城平《いわきたいら》へ変更させることができたのだ。この菅の粘りは、さらなる奇跡を呼ぶ。

豪商本間《ほんま》家が中心になった活動により、領内からの献金が三十万両も集まった。これを新政府に差し出して、ついには七十万両の献金で庄内藩にそのままとどまることが許されたのである。最終的には、これも減額となって、旧庄内藩主の酒井家は、磐城平藩主から庄内藩知事として復帰する。

戊辰戦争時代、藩兵のほかに農民や町民からなる民兵を擁《よう》して戦ったほど、藩と領民が一体となっていた庄内ならではのエピソードである。庄内藩が、蝦夷《えぞ》地からの交易船で栄えた酒田という港を持ち、商人が育っていたとはいえ、同じ朝敵であった会津藩が敗戦で不毛の地へ転封され、各地に農民一揆が起こったことを考えると、処遇の差は歴然としている。

本間家は、その後も蝦夷地警備に従事させられていた旧庄内藩士七百人を、外国船を雇って連れ戻しており、官民協力の行動の主役でもあった。

庄内藩から、のちに酒田県となった当地で、菅実秀は県政の重役に就き、禄を失った藩士のための開墾事業にも手を染める。朝敵の汚名をそそぎ、自立の道を模索しはじめるのも早かった庄内藩である。

◆苗木藩◆
藩の借金は返せたものの功績者は命まで狙われた財政策

明治維新後、多くの藩が多額の借金を抱えていた。美濃国（現・岐阜県）の苗木《なえぎ》藩も例外ではなかったが、大参事に抜擢された下級藩士・青山直道が財政再建に大きな功績を挙げた。

彼は、自分自身を含めて藩士全員を強制的に帰農させ、家禄を返還させ、帰農法にもとづいて政府から支給される扶助米を三年間返上させて、藩の借金返済にあてるという方法をとった。藩知事・遠山友禄《ともよし》も、家禄の全額を窮民救済と藩の経費として提供した。

青山直道の施策により、十四万両もあった藩の借金は、一八七一（明治四）年には五万二千六百両に縮小した。

しかし、この財政再建も手放しに喜ぶというわけにはいかなかった。藩の借金は返せたが、帰農した旧藩士たちが困窮状態に陥《おちい》ったのである。

帰農にあたっては、耕地と資金の提供や借財の弁済が約束されたが、帰農法は一八七二（明治五）年に政府が中止したので、結果的に一年三石六斗《と》の扶助米以外は何の手当も支給されなかった。

帰農するには新たに農地を開拓しなければならず、すぐには収穫を得られない。しかも、帰農に成功するまで食いつなぐ扶助米は三年間も返上しなければならないのである。

窮乏した旧藩士たちは、打開策として、内職や養蚕などの授産計画を訴えたが、直道は、生活を支えるには開拓するしかないと主張し、授産計画を握りつぶした。旧苗木藩士たちの生活は年々逼迫《ひっぱく》し、食うにも事欠く生活で、自殺者まで出て、旧藩士たちは直道を恨んだ。自分たちが困窮しているのに、直道は岐阜県の官吏となって俸給をもらえる地位にあるので、憎しみは大きかった。

一八七六（明治九）年、旧苗木藩士たちはついに青山直道暗殺計画を決行した。暗殺は失敗に終わるが、刺客たちはさらに彼の屋敷に火を放った。突然の火事に村人たちが集まってきたが、誰一人火事を消そうとする者はなかったという。

三年後、直道は岐阜県の大野池田郡役所の郡長になって苗木を離れることができたが、刺客は転勤先にもあらわれ、郡長辞任に追い込まれた。

多くの犠牲のうえに行なわれた財政再建に対して、犠牲にされた人々の怨嗟《えんさ》はそれほど大きかったのだ。

農民の赤旗一揆を招いた藩札を偽造して戦費を捻出

◆佐土原藩◆

江戸時代、多くの藩が財政難を乗り切るために藩札《はんさつ》を発行し、藩内で通貨として流通させていた。

九州では、日向国《ひゅうが》（現・宮崎県）の佐土原藩《さどわら》が、藩財政を藩札に頼っている代表的な藩の一つだった。

これには、佐土原藩が佐土原紙の産地だったという理由が大きい。十九世紀前半、佐土原藩は、財政難を乗り切るために佐土原紙の増産をしようとしたのだが、原料の楮《こうぞ》を仕入れる資金が不足していたので、佐土原紙で藩札をつくって「楮本銭」と名づけ、藩内で強制的に通用させた。

その後、戊辰《ぼしん》戦争で多額の費用が必要となった佐土原藩は、楮本銭の増札を繰り返し、そのため楮本銭は裏づけのない空手形のようになってしまった。佐土原藩に限らず、日向諸藩はどこも藩札によって戦費を捻出しようとしたのだが、なかでも佐土原藩は最も多額の藩札を発行し、藩札の価値が最も低かったとされている。

しかも、佐土原藩は藩札だけでなく、通貨を偽造して戦費にあてたともいわれている。

藩札の信用の下落や偽通貨で藩内の経済が混乱しているとき、廃藩置県が実施される。民衆の不安は沸騰し、一八七二（明治五）年、「赤旗一揆」と呼ばれる一揆が起こった。一揆の原因には、藩札が無効になる不安だけでなく、新政になれば生活がよくなるだろうという期待がはずれたことへの不満もあった。

赤旗一揆の名は、指導者が掲げていた赤い旗に由来する。五千人とも七千人ともいわれる多数の農民が参加し、指導者の掲げる赤旗のもとで整然と行動した。あまりにもよく統制がとれていたので、士族が指揮しているのではないかとささやかれたほどだった。

大きな一揆ではあったものの鎮圧され、減税をはじめとする農民の要求はほとんど聞き入れられることはなかった。

廃藩置県により佐土原藩は佐土原県に変わり、美々津《みみつ》県を経て、一八七三（明治六）年に宮崎県となる。ところが、一八七六（明治九）年に鹿児島県に吸収される。復活したのは西南戦争（一八七七年）の十六年もあとのことである。

藩士は贋金職人!? 出来のよさに人気が出る

◆大聖寺藩◆

戊辰《ぼしん》戦争に際しては、多くの藩が戦費の調達に窮して贋金《にせがね》をつくったが、なかでも極めて凝《こ》った贋金づくりをしたのが、加賀国（現・石川県）の大聖《だいしょう》寺《じ》藩である。

大聖寺藩では、天保《てんぽう》年間（一八三〇〜四四）頃から藩主が利平《としひら》・利義《としのり》・利行《としみち》と次々に若死にしたため、ろくに藩政改革も行なわれないまま、幕末維新を迎えた。

そのためか対応はのんびりしており、北陸道鎮撫使《ちんぶし》が福井に進駐してきたとき、新政府に恭順した。

一八六八（慶応四）年二月、新政府は、大聖寺藩に対して出兵ではなくパトロン（弾薬）製造を命じた。

大聖寺藩はさっそくパトロン製造に取りかかったが、そのために必要な鉛や火薬を買い入れる資金が足りない。やむなく、金銀細工に慣れた藩士・市橋波江に命じ、金貨の二分金《にぶきん》を製造させた。二分金の半額の価値の銀貨・一分銀一つを材料に、金メッキの二分金の贋金二つをつくって、資金をどんどん増やしたのだ。

たんに金メッキを施しただけでは、角《かど》があってキラキラしすぎているので、俵に詰めて山代《やましろ》温泉に運び、数日間、湯に沈めて湯錆をつけた。すると贋金が古色を帯び、素人には古い金貨と見分けがつかなくなったのである。

他藩の贋金は、素人にも偽造とわかり、商人に受け取ってもらえないことも多かったが、大聖寺藩の贋金は「小梅」と呼ばれて人気があった。藩では、もともとパトロン製造のためにつくった贋金というので、帳簿や公用の書類に、「金×両」と書く代わり、「パトロン×発」と書いたという。

小梅のおかげで財政難に遭《あ》わずにすんだ大聖寺藩だが、戊辰戦争終結後もさかんに金貨偽造を続け、派手に使ったのがまずかった。小藩なのに琵琶湖や大坂港に汽船を浮かべ、京都・大坂に商会を設けて大々的に商売をしたので、他藩に妬《ねた》まれ、一八六九（明治二）年、政府に摘発されてしまったのである。

藩では家臣を京都に派遣してもみ消し工作をさせたが、誰かに責任をとらせるしかないというので、やむなく市橋波江に因果を含めて切腹させた。おかげで上層はそれ以上追及されず、事件は解決した。藩はその申し訳に、旧禄高の二倍の禄を与えて波江の継嗣《けいし》に跡を継がせた。

◆薩摩藩◆

昆布の密貿易で得た利益で幕府を転覆させた!?

それまでの宿敵だった長州と一転して同盟を結んだことで、一気に討幕への流れを加速させたという点で、明治維新の立役者ともいえるのが薩摩《さつま》藩だ。明治新政府でも、長州と組んで新時代をリードした。

こんな薩摩藩も藩主の島津氏は徳川幕府にとって外様大名で、江戸城修築、上野寛永寺の造営などで多大な出費を強《し》いられ、江戸時代初期から財政は赤字続きであった。それが、いつのまにか財力を蓄え、虎視眈々《こしたんたん》と討幕の爪を磨いていたのだ。

徳川幕府の施政が二百年を超えた文政年間（一八一八〜三〇）には、薩摩藩の赤字はふくらみ続けて五百万両にもおよんでいた。

十代藩主・島津斉興《なりおき》の時代、調所広郷《ずしょひろさと》が登用されて赤字財政の改革が試みられることになった。彼は昆布が中国で人気の商品となっていることに目をつけ、すでに薩摩藩の支配下に入っていた琉球王朝を通じて密貿易をはじめた。

琉球（沖縄）の黒糖を大坂へ運び、そこで昆布を仕入れるとふたたび琉球へ運び、さらに、大陸からの薬品・陶磁器などを国内で売りさばいて利益を上げていった。

いうなれば、昆布の生産地の蝦夷《えぞ》の人々と、黒糖産地の琉球の人々は薩摩藩の財政再建のために搾取《さくしゅ》され続けたのである。

しかし、それだけでは五百万両の借金を減らすのが精一杯で、余剰金を蓄財に回せる状態にはとうていならない。そこで調所は、京や大坂の貸主たちに証文書き換えと称して交渉、無償での長期償還という、事実上の借金棚上げ策を打ち出した。いまでいうなら不良債権の放棄を申し出たのに等しい。

これに成功した薩摩藩は、代が替わって斉彬《なりあきら》の時代になっても密貿易を続けた。

贋金づくりにまで手を染めたといわれる調所広郷（尚古集成館保管）

しかも今度は開国主義者の藩主の意向を受けて、西洋の文物の輸入にまで手を広げたうえ、蓄財をもとに洋式銃器の製造所建設にも手を染める。一八五一（安政三）年には日本初の大砲鋳造用の反射炉までつくってしまう。

これらの費用を稼ぎ出したのが、すべて琉球を媒介とした昆布密貿易だった。まさに昆布こそが、明治維新を成功に導いた陰の主役といえよう。

徳川二百七十年の時代に、幕藩体制が疲弊してきたせいばかりでなく、大航海時代を経て諸外国は植民地政策にやっきとなっており、鎖国政策をとっていた日本もいやおうなく巻き込まれて迎えたのが幕末の動乱だった。江戸を遠く離れた土地だからこそできた密貿易で、その動乱の勝者となったのが昆布を活用した薩摩藩だったのである。

借金棒引きに成功するも浮いたお金は遊興費に消えた!?

◆長州藩◆

江戸時代も中期をすぎると、どこの藩でも財政赤字という悩みを抱え込むことになった。社会が成熟して経済が発達し、流通を握った商人が士農工商の最低身分に位置づけられているにもかかわらず、金を握って強い存在となっていったのだ。

幕末へ向けて赤字はますますふくらみ、諸藩は豪商たちに何百万両もの借金をして身動きがとれなくなっていく。

明治維新の主役、長州藩も同じだった。すでに一八三一(天保《てんぽう》二)年、産物会所の専売制に対して農民一揆が起こったり、飢饉に見舞われたこともあって、数年後には借財は二百万両におよぶ。

長州藩きっての経済通だった村田清風（山口県立山口博物館蔵）

一八三一年に藩主となった毛利敬親《たかちか》は、開明派の村田清風《せいふう》を財政改革にあたらせることにした。

藩の年間通常経費の二十倍を超える借財を、清風は「八万貫目の大敵」と呼んで、思い切って財政状態を公開、領民への倹約を求めた。

さらに、荒れた田畑を回復させて農業生産力を高め、藩内の経済力をつけると同時に、藩外からの収入を増やす方法を考える。下関に入港する船の荷物を、いったん足止めし、大坂などで相場が上がった頃に運ばせて売って差益を得るというシステムとその役所を設け、実行に移したのである。

また、訪れる廻船に金を貸して利息を取るというようなことまでした。

しかし、どんなに実入りを増やしても、すでにできている巨額の借金を減らすことはできない。そこで清風は大胆な手段に訴える。

債権者に対して、無利息、元金据え置き、年賦償還という事実上借金の棒引きを申し出て、承知させてしまうのである。自転車操業とはほど遠い豪商は、時間がかかっても戻ってくればそれでいいというゆとりからなのか、この条件をのんだというが、清風の豪腕ぶりも相当なものだったのだろう。

こうしてようやく藩が蓄えた財産だったが、討幕のための活動費として使われる一方で、幕末の長州藩士たちはしょっちゅう酒を飲み、芸妓と遊ぶお金も活動費でまかなっていたという。

官軍についたものの賊軍並みの戦死者を出す

◆秋田藩◆

幕末に諸藩が進むべき道を決めなければならなかったとき、秋田藩は最初、幕府の味方という立場をとった。しかし、鳥羽・伏見の戦いで戊辰《ぼしん》戦争の火蓋が切られ、しかも官軍の勝利が決定的なものとなったため、秋田藩は揺れる。

朝廷は仙台に奥羽鎮撫《ちんぶ》総督を派遣することを決定、対する奥羽越列藩同盟は仙台藩領白石に集結するなど、風雲急を告げるなか、秋田藩勤王派は、仙台藩から訪れていた使者を惨殺するという方法で、官軍につく意思を表明した。

これは、ひとえに薩長を中心とした官軍ににらまれたくない、という思いからであって、けっして近隣諸国とことを構えたいためではなかった。

当時はどこの藩でも、官軍優位は揺るがないと見ていたから、追討軍の先鋒を願い出るとか、藩内の佐幕派を処罰するなどして尊王派であることを証明しなければならなかった。秋田藩の場合は、「同盟を離脱しないように」と説得に訪れた仙台藩からの使者を斬ることで、ようやく同盟離脱、官軍への忠誠を示すことができた。

すると今度は、秋田藩に隣国、庄内藩を攻める命が出される。庄内藩攻撃の理由は、一八六七（慶応三）年の薩摩藩邸への砲撃のためというものだった。しかし、これは薩摩藩の自作自演で、討幕運動の被害から町を守ろうとした庄内藩の職務上の出来事だったから、秋田藩が納得できるはずもなかった。おまけに実際に戦わされる下級兵士たちは、尊王の思想すら理解できずにいたのだから、士気があがるわけがない。

これを「秋田藩兵に惰気《だき》あり」といって、薩長などの官軍の兵が後ろからけしかけることで無理やり戦わせたのだから酷である。戦うための大義もなく、ただ官軍に命じられるまま動く秋田軍は、会津藩の降伏で一応の終結を見るまで、北は盛岡藩勢に、南は仙台藩勢と庄内藩勢に侵略され続ける。

この戊辰戦争における奥羽戦争では、賊軍とされた庄内藩の死者が三百二十二人のほか、長岡藩三百九人、米沢藩二百八十三人、盛岡藩では百十二人といった数字を記録しているなか、秋田藩は官軍についたにもかかわらず、三百六十一人という多くの死者を出している。

おまけに官軍からは、最後まで忠誠心を疑われていたわけで、どちらの側についたとしても、領土が荒らされて領民を苦しめたことには変わりなかったに違いない。

江戸諸藩なるほど裏話　※　関東

◆安中藩◆

記録係の気苦労が多かった
日本初のマラソン大会

上野《こうずけ》国（現・群馬県）の安中《あんなか》藩では、幕末も近い一八五五（安政二）年、日本最初のマラソン大会といわれる「安政遠足《あんせいとおあし》」が行なわれた。十五代藩主・板倉勝明《かつあきら》が、藩士の心身鍛練のため、五十歳以下の藩士たちに、安中城から碓氷《うすい》峠山頂の熊野権現まで、約二十九・一七キロメートルの競走を行なわせたのである。

この競走の記録は、『安中御城内御諸士御遠足着帳』として残されている。ゴールとなる碓氷峠にはちゃんと記録係がいて、着順などをこの記録に記したのだ。

記録係を命じられたのは碓氷峠の熊野権現の神主だったが、今日のマラソンでは考えられないような気苦労があった。

到着順序を記すのに、藩士の身分の上下に気を遣い、到着順ではなくて身分の高い順に並べたり、上役の組に遠慮した藩士たちに到着時刻を遅く記すように頼まれ、その旨の但《ただ》し書きをつけたりした。

この安政遠足は、今日、記録をもとに再現され、安中市と松井田町（安中市と合併予定）の協賛で、毎年五月、「安政遠足（侍マラソン）大会」として行なわれている。二〇〇四（平成十六）年度は第三十回大会で、五月九日に催された。

コースは、かつてと同じく碓氷峠までのほか、途中までの関所・坂本宿までのコースもある。ふつうのマラソン大会と違い、侍の仮装をして走れるところがユニークだ。近年では、侍に限らず、さまざまな仮装をして走る参加者の姿が見られ、速さだけでなく、仮装のアイデアも競っている。

◆古河藩◆
政治も科学もおまかせ！ 有能藩主の二つの顔

政治家として有能なうえ、すぐれた科学者というマルチ大名がいた。一八二二（文政五）年に下総《しもうさ》国古河《こが》八万石の藩主となった土井利位《どいとしつら》である。

利位は、奏者番《そうじゃばん》・寺社奉行・大坂城代・京都所司代《しょしだい》・老中と順調に出世し、二十数年間にわたって幕政に参加した。そのうち、大坂城代時代の一八三七（天保《てんぽう》八）年には、有名な「大塩平八郎の乱」が起こったが、自力で事件を解決して将軍から誉められた。

政治家として活躍するかたわら、利位は、家老の蘭学者・鷹見泉石《たかみせんせき》の影響を強く受け、自然研究に興味を持った。とくに彼が深い関心を抱いたのは、雪の結晶である。

利位は、大型の虫眼鏡や顕微鏡を用い、二十年以上にわたって雪の結晶を丹念に観察し、写生して『雪華図説』『続雪華図説』を出版した。雪はすぐに溶けてしまうので、結晶を写生するのは至難の業《わざ》だが、彼の描いた雪の結晶は正確・精微で、イギリスの気象学者・グレーシャーの研究に比べても遜色がないといわれている。

『雪華図説』『続雪華図説』に描かれた雪の結晶は、科学に縁のない一般庶民にも人気があった。人々は、利位の描いた雪の結晶を図案にし、利位が大炊頭《おおいのかみ》だったことから「大炊模様」と呼んでもてはやしたのである。

◆壬生藩◆
生徒にとってはありがた迷惑
藩校の試験監督をした藩主

江戸時代には、藩校を設けて藩士の子弟の教育を熱心に行なった藩がいくつもある。その先駆けの一つとなったのが、下野《しもつけ》国（現・栃木県）の壬生《みぶ》藩である。

壬生藩は、三万石の小藩ながら教育熱心で、全国的に見てかなり早い一七一三（正徳三）年、藩祖・鳥居忠英《とりいただてる》がいち早く藩校「学習館」を設け、藩士の教育を奨励した。藩士の子弟は八歳になると必ず学習館に入学し、漢学・習字・作文を学ぶことを定めたのである。

忠英は、壬生藩主となる以前は京都に近い水口《みなくち》藩の藩主で、京都の伊藤仁斎《じんさい》・東涯《とうがい》父子に儒学の一派の仁斎学を学び、たいへんな学問好きだった。その経験から、学習館開設の構想が生まれたのである。

学習館の生徒はほとんどが壬生藩士の子弟だったが、武士以外の入学も許されていた（女子の入学は認められていなかった）。

書物や薪・炭・油など、学校運営にかかる諸費用はすべて藩でまかない、成績優秀な生徒には扶持米《ふちまい》（俸禄）や紋付《もんつき》などの褒美を与えたというから、気前がよい。

生徒にとっては励みになっただろうが、一方、試験はかなり緊張するものだった。なんと、藩主か城代家老が出席し、その前で試験が行なわれたのである。

試験監督までするほど教育熱心な藩主というのも、ちょっと珍しいのではないだろうか。

◆三章◆

幕末から明治、そして平成へ
その後も残る藩の名残

◆浜田藩◆

長年の請願活動が実を結ぶ 靖国神社に祀られた佐幕派

浜田藩は徳川ゆかりの松平家を藩主に戴《いただ》く、由緒正しい藩だった。幕末の当主は、水戸の烈公こと徳川斉昭《なりあき》の息子である松平武聰《たけあきら》だった。

第二次長州征伐に幕府軍として参加した浜田藩は、長州軍に攻められた浜田城が炎上して落城、武聰は兄が藩主である松江藩に落ち延びる。城を失った浜田藩は、翌一八六七（慶応三）年、幕府により解兵令が出されて浜田藩復活の望みは断たれてしまった。

その後、浜田藩の飛び地だった美作鶴田《みまさかたずた》に屋敷を建てて落ち着いた武聰のもとに集まった家臣たちは、鳥羽・伏見の戦いがはじまると、ふたたび幕府軍に参加する。それに敗れたにもかかわらず、数十人の浜田藩士が脱藩して江戸へ上り、上野で彰義隊に参加し、十人ほどの死者も出している。

このように、どこまでも佐幕を貫き通した浜田藩士は多く、また藩の結束も郷土愛も固かったようだ。東京・日暮里《にっぽり》にある浜田藩の菩提寺には、明治時代に入ってから旧浜田藩士たちによって建てられた、「旧浜田藩殉難諸士碑」と刻まれた慰霊碑がいまも残る。

十八人の名前が刻まれているが、彼らはみな長州征伐と鳥羽・伏見の戦いでの死者である。そしてなぜか、このうちの十二人は、のちに靖国神社に祀《まつ》られることになるのである。

靖国神社というのは、一八六九（明治二）年、戊辰《ぼしん》戦争で官軍として戦って命を落とした兵士たちの鎮魂のために建立された「招魂社《しょうこんしゃ》」に起源を持つ。その後、ペリー来航の頃にまでさかのぼり、国のために戦った殉難者も合祀《ごうし》されることになったが、佐幕派だった藩士が祀られるのは珍しい。

わずか6歳で浜田藩藩主に迎えられた松平武聰（浜田市立図書館蔵）

実は、十八人のうちの十二人は、長州征伐における戦死者なのだ。長州征伐は天皇の勅命による出兵だったから、のちに幕府方についたとはいえ、当時は天皇のために戦ったという理屈が成り立つことになる。
これを頼りに、浜田出身者が熱心な請願運動を続け、一九三三（昭和八）

年、十二人が祭神に加えられたのである。

生糸に目をつけて蓄財 幕末の混乱期に城を再建

◆前橋藩◆

幕末の各藩は、どこも財政難を抱えていた。ただでさえ社会が成熟して経済制度が混乱を極めていたのに、国事のために軍備を整えなければならず、その費用がかさんだからである。

そんななかにあって前橋藩だけは、大金の必要な城を再建するという大事業をやってのけている。なぜそんなことができたのだろうか。

前橋藩は、徳川譜代の藩である。江戸開府以来、藩主は三家交替したが、つねに譜代大名が治めており、幕末の藩主も松平直克《なおかつ》であった。

彼からさかのぼること約百年、松平家が前橋に移封になってまもなく、本来なら天然の要害になるはずの利根川に面した断崖が、激しい流れのために崩れ、前橋城の本丸を破壊したのだ。そこで時の藩主・朝矩《とものり》は分領の川越に居城を建てて移り住み、前橋藩とはいうものの前橋には陣屋を置くのみで、本拠は川越という変則な事態が続いていた。

幕末が近づき、混乱のなか前橋藩の財政が苦しいことに変わりはなかったが、それを救ったのもまた混乱の原因となった出来事であった。一八五八（安政五）年に日米修好通商条約が締結され、その翌年には開港により欧米との貿易がはじまったため、藩の財政がうるおうことになったのである。

日本の生糸が諸外国に人気のあることを知った直克が、藩の特産品である生糸の統制に乗り出し、生糸会所を設けて利益を得ることができた。一八六三（文久《ぶんきゅう》三）年には老中の花押《かおう》入りの前橋城再建の許可状が出されているから、開港から五年足らずで城再建のめどが立つほどの蓄財ができたということになる。

幕府の政治総裁職にも任じられた松平直克（前橋市教育委員会提供）

生糸の商いでうるおった商人からの献金一万両をはじめ、分領の農民四十四万人もの動員により、領民悲願の前橋城は完成する。藩主が晴れて入城したのは、一八六七（慶応三）年、松平家初代が川越へ移ってちょうど百年を経たときだった。

前橋の生糸生産はその後も隆盛を極

め、一八六九（明治二）年には横浜に生糸の藩営直売所を開き、翌年には洋式器械製作所を設けて生糸王国の基礎とした。松平家は直克の跡を継いだ直方《なおかた》が、廃藩置県まで藩知事を務めている。

前橋の地場産業であった生糸製造は、養蚕から織物までほとんどが女性の仕事であった。彼女たちの働きによって城の再建がなったともいえ、これが前橋藩が前橋県を経て群馬県となったこの土地の「かかあ天下」の由来になっているのかもしれない。

◆堀江藩◆

石高を詐称してでも大名になりたい！明治元年に混乱に乗じて誕生した藩

全国約三百の藩のなかで、遠江《とおとうみ》国（現・静岡県）の堀江藩は変わり種だ。江戸時代には存在せず、明治維新後に誕生した藩なのである。

浜名湖畔の堀江（現・浜松市）一帯は旗本・大沢基寿《もととし》の領地で、石高は五千石だったが、一八六八（慶応四）年八月、浜名湖の湖面開墾見込み地を加えて、石高を一万石と偽って、藩として認めてほしいと嘆願した。江戸時代の幕藩体制では、一万石以上であれば大名になれたのである。

驚いたことに、元号が明治となった同年九月、新政府はそれを認めた。基寿は、幕末維新の混乱期、儀式や公卿との折衝を担当する高家《こうけ》旗本として京都に住み、尊攘派の人々とも交流があり、早くから朝臣となっていたことから、無理がきいたのではないかといわれている。

この藩は、大沢家の陣屋があった堀江の地名をとって、堀江藩と名づけられた。一八六九（明治二）年に版籍奉還が行なわれると、基寿は藩知事となった。身分は、旗本のままだと士族になったところだが、大名になっていたので華族で、子《し》爵《しゃく》である。

一八七一（明治四）年七月の廃藩置県で、堀江藩は堀江県となった。ほかの県では、廃藩置県によって元大名の藩知事たちの多くが免職となり、中央から新たな県知事が派遣されたが、堀江藩はそのまま基寿が県知事となった。これも幕末に尊攘派の人々と親交があった賜物《たまもの》だろう。

だが、彼の運もそこまでだった。廃藩置県からまもなく、石高を偽っていたことが発覚してしまったのである。

同年十一月、堀江県は浜松県に合併された。基寿自身は、詐称の罪を問われて華族から士族に落とされ、爵位なども剝奪されたうえ、禁固一年の刑に処されたのである。

江戸三百藩がなくなってから新たに藩となる

◆琉球藩◆

沖縄に琉球王朝が成立したのは十五世紀頃である。複数の言語で点在していた集落が、琉球語という共通の口頭語、書記語となってはじめて中央集権国家の体裁が整った。それは九州に近い、奄美《あまみ》大島までを含むものでもあった。

しかし、土地は狭く点在する島々から成立しているため、日本をはじめ中国やオランダ、西欧諸国との貿易で経済生活を保たざるを得なかった。それに目をつけたのが、薩摩藩の島津氏だった。

島津氏は、すでに室町時代中期の一四四一(嘉吉《かきつ》元)年、足利将軍家から恩賞として琉球国を与えられていたが、あくまで名目上のもので、両者は友好関係を続けていた。

だが、外様大名となった島津氏は、領土拡大のために一六〇九(慶長十四)年、徳川家康の許しを得たうえで琉球に侵攻する。戦いらしい戦いをしたことのなかった琉球王朝は、わずか三千の兵の前になすすべもなく降伏した。

徳川幕府から、あらためて琉球の領有を許可された島津氏は、奄美諸島だけを薩摩藩領とし、ほかは琉球王国としての存続を認め、支配下に置くにとどめた。といっても、人事の任免権、租税の管理もすべて薩摩藩の手によって行なわれるという属国扱いである。

この関係は、幕末まで続く。そして「琉球処分」と呼ばれる第二の侵略が、琉球王国に対して行なわれることになるのが、明治維新後の廃藩置県のときだった。

琉球は、貿易立国という性格上、中国の当時の清《しん》王朝との関係も深く、属国にもなっていた。明治新政府はその関係を断ち切り、日本の国土としてしまうため薩摩藩の属国扱いだった琉球に、一八七二（明治五）年、はじめて「琉球藩」という名称を与える。日本中から藩と名のつく行政区分がなくなっていく時代に、新たに藩を設立したのだ。

しかし、これは便宜上のこと。いったん藩にしておいたうえで、三年後には県に改称させようとしたのである。

琉球は、明治新政府のこの方針に唯々諾々《いいだくだく》と従ったわけではない。琉球藩とはなったものの、清との関係を断ち切ることには強く抵抗した。すると政府は、一八七九（明治十二）年、百六十人の警察官と四百人の軍隊を派遣して首里城を占領し、無理やり沖縄県を設けてしまった。

薩摩藩の侵攻に続く明治新政府の侵略、二度の日本からの攻撃により、五百年にわたった琉球王朝は幕を閉じた。

指導者・河井継之助を失ってもその気迫は受け継がれた

◆長岡藩◆

貧しい藩財政のなか、貴重な支援米百俵を、食糧として使用せず人材育成費用に回したという「米百俵」のエピソードで知られる長岡藩もまた、幕末の戊辰《ぼしん》戦争で官軍を敵に回して激しく戦った結果、苦難の新時代を迎えた藩の一つである。

この長岡戦争を引き起こすことになってしまった現場にいたのが、河井継之助《かわいつぐのすけ》であり、小藩ながら激しい戦いを乱れることなく戦い抜くことを可能にしたのもまた、彼であった。

もともと徳川譜代の牧野家が藩主を務める長岡藩は、勤王、佐幕どちらにもくみしない中立の立場を保っていた。これは、佐久間象山《しょうざん》に師事して長崎遊学も経験し、藩政改革に功のあった河井の論であった。それは、幕藩体制の疲弊を承知している開明派ではあったが、牧野家の立場からは徳川家を倒す側にも回れないというところから生まれたものだった。

それなのに、官軍を敵に回すことになったのは、一八六八（慶応四）年の賊軍の代表とされていた会津藩を説得するからと官軍に申し出た小千谷《おじや》会談で、官軍の軍監・岩村高俊《たかとし》との交渉が決裂したためだ。岩村は二十四歳という若さで、かつ高慢で鼻持ちならない人物だったから、さすがの河井も我慢できなかったのだろうといわれている。交渉相手に恵まれなかったことは河井にも長岡藩にも不運だった。

交渉決裂で、奥羽越列藩同盟に加わり旧幕府側につくと決まってからの河井の統率力もまた、語り草である。八倍の兵力を持つ官軍を相手に奇襲作戦を展開し、一時は官軍の参謀・山県有朋《やまがたありとも》を逃走させ、西郷隆盛を新兵募集に走らせるほどの戦闘を展開した。傍観者だった横浜の外国人のなかには、官軍が負けると予想した者もいたという。

しかし、官軍の物量作戦に勝るものはない。長岡軍は官軍の援軍に敗走を余儀なくされ、河井も会津へ向かう途中、ケガがもとで絶命する。統率者を失った長岡藩は、同年九月に多くの犠牲者を出して降伏に至った。

その後、藩士や家族がようやく戻った長岡城下は戦禍《せんか》で荒廃しており、同年十二月に二万四千石で再興されたものの、住む家すらなく、食べるものにも事欠くありさま。新政府軍の攻撃に田畑まで焼かれ、結局これが長岡藩の廃藩へとつながる。

この状況のなかで、かつての支藩だった三根山《みねやま》藩から援助米が贈られる。ところが、会津から帰国してきた河井の盟友小林虎三郎が、人材の育成こそが急務であると訴え、米百俵は換金され学校の教材などにあてられた。これが有名な「米百俵」のエピソードである。

何もなくなったように見えた長岡藩だが、藩士たちがみな帰国して人が残り、さらに河井の気概は受け継がれ、そこに教育が加わって、のちに連合艦隊司令長官・山本五十六《いそろく》など、人材を輩出するに至る。

◆田野口藩◆

かつて長野県に五稜郭があった！ ついに完成できなかったワケ

すでに明治と改元され、とうに徳川幕府は消滅していたのに、幕府の威信をかける人たちによって最後の戦いが行なわれていたのが、箱館（函館）だった。

日本初の西洋式城郭建築である五稜郭は、現在では星形の遺構を残すのみだが、実はこの箱館とは別に、もう一つ五稜郭の建築が試みられたところがある。現在の長野県佐久《さく》市あたりにあった田野口《たのぐち》藩が建設したものだ。

幕末の藩主・大給乗謨《おぎゅうのりかた》のときに築城されたもので、一八六四（元治《げんじ》元）年に工事がはじまり、一八六七（慶応三）年にはほぼ完成した。

規模は函館に残されているものの半分程度でしかないが、千曲《ちくま》川東一帯に産出す

龍岡城五稜郭跡。現在は田野口小学校がある（臼田町観光協会提供）

る佐久石を切り出して、「切り込みはぎ」や「亀甲《きっこう》積み」「布積み」「野面《のづら》積み」など、日本古来の石積みの手法を使って、洋式の城郭と調和させようとした工夫の跡がうかがえる。

大給氏は、本領は三河四千石だったが、築城に取りかかる二年前に幕府が参勤交代の制度を緩和、江戸在府期間が短縮され、家臣たちが国元にいることが多くなったため、信州領に本領移転を願い出ていた。

それが許され、田野口一万六千石を領土として与えられたため、新しい城をつくらねばならなかった。藩主自身が洋学を好み、蘭学やフランス語を学んでいたというから、せっかくの新城築城なら洋式築城にと考えた結果が五稜郭だったのだ。

ところが、あとは城壁の周囲に堀をめぐらすばかりとなったとき、大政奉還、王政復古、戊辰《ぼしん》戦争と立て続けに政変が起こる。

明治維新の結果、版籍奉還が行なわれ、田野口藩は、龍岡藩となるが、築城工事で出費がかさんでいたため藩の財政が破綻、廃藩置県が行なわれる前の一八七一（明治四）年に龍岡藩は消滅した。

当然のように工事はそのままに捨ておかれ、堀の工事が未完のまま遺構を残すこととなった。

ようやく領地を手に入れたが……たった一年で終わった新しい藩

◆岩崎藩◆

本藩に所属する支藩のなかには、わずか一年で消えてしまった藩もある。秋田藩の支藩・岩崎藩は、なんと一八七〇（明治三）年になって誕生し、翌年の廃藩置県で消えている。

岩崎藩の藩主・佐竹壱岐守《いきのかみ》家は秋田藩主の佐竹家の分家で、秋田藩第三代藩主・佐竹義処《よしずみ》の弟・義長に蔵米《くらまい》（米で支払われる給料）二万石を分知したことにはじまる。義長が壱岐守を名乗ったので、壱岐守家と呼ばれるようになった家系である。

壱岐守家は領地を持たず、江戸に住み、秋田藩の収穫のなかから毎年二万石を蔵米として受け取っていたのだが、収入面では大名クラスなので、幕府に大名同格と認められ、「秋田新田藩」と呼ばれた。また、佐竹家の宗家に跡継ぎがないときは、養子として秋田藩主になる役割も担っていた。

戊辰《ぼしん》戦争が起こったとき、壱岐守家の当主は秋田藩主・佐竹義堯《よしたか》の弟の義諶《よしつま》で、戦火にさらされる危険のある江戸から秋田に疎開し、大名としての体裁を整えるため、椿台（現・雄和《ゆうわ》町）に城を築こうとした。

だが、秋田藩は奥羽越列藩同盟に加盟しておきながら、もともと尊攘思想が強かったこともあって同盟から離脱し、新政府側についたため、周辺諸藩を敵に回した。壱岐守家も宗家とともに庄内軍と戦い、椿台付近も戦場となって、築城どころではなくなった。

戊辰戦争後、一八六九（明治二）年になって、岩崎（現・湯沢市）の肝煎《きもいり》・石川平兵衛とその弟の豪商・渡辺勘兵衛を中心に藩を招く運動が起こり、翌年三月、周辺三十五か村を領地とする壱岐守家の岩崎藩が成立したのである。

さっそく平兵衛を先頭に岩崎で城下町の建設がはじまったが、一八七一（明治四）年七月の廃藩置県により、初代藩知事に佐竹義理《よしさと》が任命され、岩崎藩は岩崎県となった。ところが、同年九月には、その岩崎県も秋田県に合併され、消滅してしまったのである。

かつての栄華はどこへ……
伝統ある〝大和〟の名も消滅

◆郡山藩◆

大和郡山藩は十五万一千石で、旧大和国にあった藩のなかでは大きさで群を抜いている。大和には奈良をはじめとする約二十万石の幕府天領・直轄地のほかは、二万五千石とか一万二千石といった小藩、ほかに地頭などの領主が二百六十七人もいた土地柄だった。

京・大坂に近い要衝の地ということから、藩主を務めるのはずっと譜代大名で、幕末の頃は柳沢家である。

幕藩体制下では、近隣の領主ににらみをきかせる役割を担ったといっても、これだけの数がいると目配りが完璧なはずもない。要所さえおさえておけばよかったから、気楽な領主だった。

幕末の動乱らしい気配がはじめて漂うのが、一八六三（文久《ぶんきゅう》三）年の天誅組《てんちゅうぐみ》の蜂起《ほうき》だった。大和に攘夷《じょうい》祈願の行幸をするという天皇の先触れとして乗り込み、代官所を襲うものの、「八月十八日の政変」で攘夷派が失脚したことにより、大事に至らずにすむ。

やがて大政奉還に至ると、郡山藩はすぐに朝廷に誓紙を出して官軍に味方することを決めて藩の道は定まった。

しかし、大和の大藩として安穏《あんのん》としていられたのはこの頃までである。維新が一段落して新政府が廃藩置県を行なったときから、新生の郡山藩を思いがけない苦難が襲う。

新政府は廃藩置県に先立つ一八六八（慶応四）年五月に、幕府天領や寺社領で奈良県とし、やがて奈良府と威厳のある名に変えて諸藩を併合していくことにした。しかし「大和」の名に誇りを持ち、徳川二百七十年を独自路線でやってきた大藩が名前だけの威厳に惑わされることはなかった。

奈良府はすぐに奈良県に戻り、郡山藩には「大和県」を名乗る可能性が出てきたのだ。ところが版籍奉還で藩は土地を失い、続く廃藩置県で政府は一気に諸藩の土地を奈良県に編入してしまう。

勅令二つを発布するだけで、いともやすやすと「大和」の名を消し去ったのだ。それまで、大和一を誇っていた郡山は、県庁所在地も奈良に持っていかれ、大和の象徴的存在としての都市の立場を失い、それにつれて経済力も落ち込んでいく。

そして一八七六（明治九）年、奈良県は堺県に編入されて、土地にゆかりの名前さえなくす。

ここに至って旧郡山藩士は、経済力をつける必要に目覚め、銀行業務に着目、第六十八銀行を設立して巻き返し、経済面から大和を奈良県の中心へと据えていくこととなった。

◆川越藩◆　維新よりも痛手を被った大火災害まで江戸に似た幕末の小江戸

川越藩（現・埼玉県川越市）は、戊辰《ぼしん》戦争では戦火に遭《あ》わずにすんだ。藩主・松平康英《やすひで》が老中職を務めていたため、近江《おうみ》国（現・滋賀県）の飛び地領二万石を没収されたが、新政府軍に兵員や武器や糧食を提供し、なんとか藩の命運をつないだのだ。

彰義隊から分かれた渋沢成一郎らが飯能《はんのう》（現・埼玉県飯能市）の能仁寺《のうにんじ》にたてこもると、川越藩は討伐軍への参加を命じられたが、この飯能戦争が、幕末維新期に埼玉県下で起こった唯一の戦いである。

戦火を免《まぬが》れた川越藩だが、この藩では、戦争より被害が大きかったのが火事だった。川越は、江戸によく似ているところから「小江戸」と呼ばれた風情のある城下町だが、妙なところも江戸に似ていた。江戸で火事が多かったのはよく知られているが、川越もまた、火事の多い町だったのである。

一八四七（弘化三）年には川越城で大火が起こり、多くの建物が焼失した。現存する本丸御殿はこの大火後の再建だが、すでに四十万両以上の借金を抱えていた川越藩には自力での再建が難しく、領内の人々から献金を募ってなんとか二年半で再建した。

幕末の藩主・松平康英は、一八六六（慶応二）年に棚倉藩《たなくら》（現・福島県棚倉町）から転封《てんぽう》されてきたのだが、戊辰戦争をなんとか乗り切ったと安心したとたん、大火に見舞われた。

一八六九（明治二）年、川越城下の小久保村から出た火は城下に燃え広がり、藩の家中の屋敷四百八十二軒、社寺八軒を含む町屋四百二十軒、そのほか多数の土蔵や物置などが焼けてしまったのである。

不幸中の幸いで城は無事だったが、町を再建するには莫大な費用がかかる。藩士たちの屋敷と町屋と合わせて約九百軒にものぼる住宅が焼けたのは、城下町として大きな痛手である。しかも川越藩は、棚倉からの転封に多額の費用を要したのが尾を引いて、財政難にあったので、よけい苦しかったに違いない。

明治の徴兵令のルーツ⁉ 免役事項もあった「交代兵」制度

◆和歌山藩◆

明治維新で誕生した新政府がめざしたのは、第一に文明開化、次いで富国強兵であった。

朝廷が行なったのは、いわばある種のクーデターで、戊辰《ぼしん》戦争でそれに成功して国内を統一、廃藩置県で国の形が整いはしたものの、まだ国力はなく、急がなければ開国の引き金ともなった欧米列強の植民地政策の餌食にされかねなかった。

そのために必要なのが経済力と軍事力で、経済力のために殖産興業策が立てられ、軍事力のために徴兵令が設けられることになった。とにかく国を守る軍隊の整備は急を要したから、一八七三（明治六）年に徴兵令が出され、満二十歳以上の男子に兵役の義務が課されることになったのだった。

これに先立つこと四年、国の守りには皆兵制度が必要ということにいち早く気づき、独自の兵制を設けた藩があった。紀州和歌山藩である。

和歌山藩最後の藩主となった徳川茂承《もちつぐ》は、維新を迎えて明治に改元されるとすぐ、反対勢力の圧力によって一八六七（慶応三）年に罷免《ひめん》していた津田出《いずる》を呼び戻して、要職に就け、藩政改革にあたらせることにした。

津田が最初に行なったのは、武家社会の崩壊によりいなくなった藩士に代わるものとして、兵を集めることであった。

それまでにも藩士による藩兵、農民を集めた農兵があったのだが、士農工商の身分に関係なく、藩内の男子全員に兵役を義務づけたという点において、のちの新政府の徴兵令の先駆けともいうべきものであった。

津田は、一八六九（明治二）年に「交代兵要領」を出し、さらに翌年「兵賦略則」により細部を布達した。

内容は、満二十歳になった藩内の男子の身体検査を行ない、兵役を課するというもの。そして二十歳からの三年間は「交代戍兵」として実際の軍務に就き、その後の四年間は予備兵、さらに次の四年間が補欠兵となる。合計十一年にもおよぶ、兵役義務としてはかなり長いものであった。

それでも「一家の主人」「天性虚弱」「父兄に代わって家を治めなければならない者」といった免役事項もきちんと決められていて、それぞれの家を維持してきちんと年貢が納められるような制度に整えられていた。

兵役義務の期間の長さを除けば、和歌山藩の定めた「兵賦略則」は、のちの徴兵令のルーツともいえる。

諸藩に後押しされた東洋の発明王からくり儀右衛門とは誰か？

◆久留米藩◆

諸外国の情報が、風の便りとしてではなく、情報として入ってくるようになった幕末期、諸藩がめざしたのは時代に遅れをとらず、欧米列強に対抗していけるだけの力をつけることだった。

まだ日本を国体という全体像として描くことはできないまま、各藩では軍事や科学、産業の面での進歩が必要と考え、知識や技術を積極的に取り入れるようになっていった。

そんな時代背景のなか、久留米藩《くるめ》に「からくり儀右衛門《ぎえもん》」こと、田中久重《ひさしげ》は生まれる。

一七九九（寛政十一）年、久留米藩のべっ甲職人の家に生まれた彼は、幼い頃から手先が器用なうえ、あれこれ細工ものを工夫するのが好きな少年だった。

その才能に目をとめて、近所に住む井上伝《でん》という女性が、自分の好きな織物に細かい織り柄だけでなく、大きな模様を入れられるよう工夫できないか彼に相談する。この求めに応じて彼が改良した織機から生まれたのが「久留米がすり」である。これが十五歳のときのこと。

ほかにも、神社の祭礼のために水仕掛けの人形をつくるなど、多くのからくり細工を発表して、やがてからくり儀右衛門と呼ばれるようになった。

儀右衛門の発明とアイデアは人形だけにとどまらなかった。やがて彼は京・大坂や江戸に出て、各地でからくり人形の評判を高めていき、新しい西洋の知識に触れて、無尽灯《むじんとう》（灯火器）、雲竜水《うんりゅうすい》（消火ポンプ）といった生活用品にまで技術を広げていく。

こうした評判が高まれば、儀右衛門を諸藩が放っておくわけがない。一八五二（嘉永六）年には、西洋技術の導入に熱心だった佐賀藩に招かれ、大砲や電信機を自力生産するのに能力を発揮し、はじめて日本人の手によって製造された蒸気機関で動く汽船の完成にも携わっている。

彼の才能を育《はぐく》んだのは、長崎に近いところに住み、西洋の文献や技術に触れやすい環境だったが、老いてもなお蘭学や天文学を学ぶ向上心が、才能を開花させたといっていい。

その向上心は、明治維新後も儀右衛門を駆り立て、東京に出た彼は「田中工場」を設立、電信機械の製造を行なった。この田中工場が、民間最大の機械工場となった田中製作所を経て、芝浦製作所となった。これが現在の「東芝」の前身である。

江戸諸藩なるほど裏話 ※ 中部

◆浜松藩◆
わがままな藩主のために賄賂に大金を注ぎ込んで財政破綻

遠江国《とおとうみ》（現・静岡県）の浜松藩は、六万石ながら老中を輩出する確率の高かった藩だが、天保《てんぽう》の改革で有名な水野忠邦《ただくに》が藩主のとき、たいへんな辛酸《しんさん》をなめている。

忠邦は、もとは九州の唐津藩の藩主だったが、老中就任に異常なほど執念を燃やしていた。老中になるためには、幕府の奏者《そうじゃ》番《ばん》という役職に就き、段階的により重要な役職へと昇進していかなくてはならない。それを左右するのは賄賂《わいろ》と人脈だった。

そこで、忠邦は莫大な賄賂をばらまき、一八一五（文化十二）年に念願の奏者番となった。だが、唐津藩は長崎警護という重要な任務を負っているため、幕府の要職には就けない。そのため、忠邦は老中になれる確率の高い浜松藩への転封《てんぽう》を願い出た。

唐津藩は、表向きは浜松藩と同じ六万石だったが、実質的には二十万石の収入があったので、転封すれば大幅な減収になる。賄賂のために財政難にあった唐津藩の家臣たちは猛反対し、宿老の二本松大炊《おおい》は忠邦を諫《いさ》めるために割腹自殺した。

それでも忠邦は転封を強行し、出世の階段を上るために賄賂を注ぎ込み続けた。浜松藩の財政がすっかり破綻したところに、二年間で二千四百両もの金を賄賂のために引き出したので、しわ寄せは増税という形で領民にいく。浜松藩の領民たちにしてみれば、迷惑な藩主が転封されてきたわけで、とんだ災難である。

こういった藩士たちと領民たちの犠牲のもと、一八三九（天保十）年、忠邦は老中首座に上りつめたのである。

◆大野藩◆
大坂商人もまっ青！
全国に支店を持つ商売上手

藩のなかには、大坂商人も顔負けの商才を発揮した藩もある。越前国（現・福井県）の大野藩四万石である。

大野藩は、美濃国（現・岐阜県）と越前国とを結ぶ交通の要衝に位置していたが、山間部の小藩なので収入に乏しく、一八四二（天保十三）年には八十万両の借金を抱えていた。

時の藩主・土井利忠《としただ》は、藩士や領民に倹約を求める一方、殖産興業をはじめようと考え、藩士たちに意見を募った。そのなかから採用されたのが、内山良休《りょうきゅう》の意見であった。

良休は、生糸・綿・漆などさまざまな産物を奨励し、藩外に藩営の販売所を設けることにした。まず、一八五五（安政二）年、大坂に商店「大野屋」を開いて刻み煙草《たばこ》や衣類などを売ったところ、八か月間で二千五百両の売り上げがあったので、扱う商品を増やし、翌年には丹生《にう》郡織田村と箱館（現・函館市）にも支店を開いて、しだいに支店を増やしていったのだ。

これらの支店、とくに繁盛している箱館店経営のために、大型洋船「大野丸」を建造し、自藩の産物を箱館に運んで売った。さらに、その金で蝦夷《えぞ》地の珍しい産物を買い入れ、各地の支店に運んで販売して、借金を十七年で完済した。

こういった方法を選んだ背景には、大野

藩で蘭学がさかんだった影響があるともいわれている。

◆加納藩◆
下級武士たちの和傘内職が藩の財政を助けた

戦前まで全国一の和傘の生産地だった岐阜県加納《かのう》町（現・岐阜市）は、江戸時代には加納藩の城下町だった。

和傘は藩政時代からの特産品だが、発祥ははっきりしない。一六三九（寛永十六）年に藩主・戸田光重《みつしげ》が明石藩から加納藩に転封《てんぽう》されたとき、明石城下の傘屋を伴ってきたことにはじまるという伝えがあるが、史実かどうか定かではない。

ともあれ、いつからか加納藩では和傘の生産がさかんになった。

加納藩の藩主は松平家・大久保家・戸田家・安藤家・永井家と替わり、そのたびに減封して、財政状態が厳しくなっていったので、和傘の生産は重要な家中の財政の助けとなった。薄給の下級武士たちが、和傘の生産を内職にして、生計を立てられる収入の道を開いたのである。

とくに幕末には、藩主の永井家が、下級武士たちの内職として、和傘の骨削り、ロクロづくり、つなぎなどを奨励した。

和傘生産がさかんになった理由として、藩主が奨励したのと、下級武士たちが生活のために内職としたのと、どちらが大きいかはわからないが、いずれにせよ、藩内の財政難を助けたのはたしかである。

江戸時代には、財政難を切り抜ける方策として、藩内で通貨の代わりを果たす藩札《はんさつ》を発行する藩が多かったが、加納藩では、傘問屋が資金を調達し、全国でも珍しい「傘札」まで発行しているのがおもしろい。

◆四章◆

教科書ではわからない
幕末以降あの藩はどうなった？

◆静岡藩◆

徳川家の新たなる出発……貴族院議長も務めた十六代目

一八六七（慶応三）年、大政奉還で最後の将軍となった徳川慶喜《よしのぶ》は、翌年、江戸城を明け渡したあと、一時的に上野寛永寺で謹慎してから水戸藩で隠棲することになった。これで十五代将軍はいなくなったものの、徳川本家の後継者は必要だ。

それに選ばれたのが、御三卿《ごさんきょう》の一つだった田安《たやす》家の三男・亀之助である。もともと十四代将軍・家茂《いえもち》が、自分の後継者に指名していたのが田安亀之助だったが、幼少だったため一橋家から慶喜が将軍に立ったといういきさつがあったから、順当な後継者だったといえる。

しかし、このときでも亀之助はわずか六歳、駿河《するが》・遠江《とおとうみ》・三河という徳川家父祖の地の当主となるにはあまりに幼かった。おまけに旧幕臣六千五百人あまりとその家族を合わせたおよそ三万人が、徳川家達《いえさと》と名を改めた彼に従って江戸から駿府に移住したのだから、藩の財政は一気に苦境に追い込まれる。

権力を失い、八百万石の幕府所領からわずか七十万石の静岡藩として新しいスタートを切った徳川家のこの苦境を救ったのが、旧幕臣の勝海舟と大久保一翁《いちおう》だった。とくに大久保は、過去に駿府町奉行を経験しており、名目だけの家老に代わり中老として力をふるい、勝も幹事として支えたのである。二人の人望のおかげで、多くの人材が集まった。のちに経済人として名を挙げる渋沢栄一が勘定組頭となり、一八六九（明治二）年に日本初の株式会社組織ともいえる「商法会所」を設立したのも、この静岡藩においてだった。ほかにも、のちに近代郵便制度の生みの親となる前島密《ひそか》、日本近代哲学の父と呼ばれる西周《あまね》などの人材が、当時の静岡藩にはいた。財政が苦しいとはいえ、「静岡学問所」「沼津兵学校」などを設立して、優秀な人材の育成にも怠りなかったのは、さすが徳川家というべきだろう。

また、同年に手を染めた牧之原開拓は、やがて茶畑に生まれ変わり、廃藩置県後の静岡県の特産品として育っていく。

廃藩置県後の徳川家達は、一八七七（明治十）年にはイギリスへの留学に旅立つ。帰国後の彼は、議会政治のはじまった新政府で、一八九三（明治二十）年に貴族院議員となり、三年後には議長の座に就き、一九三三（昭和八）年までその座にいた。

大正時代初期には、組閣を依頼されたこともあったというが、穏やかな笑顔ながら固辞したというのも、幕末の徳川家の苦難を経験した彼らしいエピソードである。

時代錯誤な攘夷論者に翻弄され維新後に反乱が起こる

◆熊本藩◆

肥後《ひご》国（現・熊本県）の熊本藩といえば、薩摩藩の隣国でもあり、「人斬り彦斎《げんさい》」こと河上彦斎などの肥後勤王党が京都で長州の尊攘派たちとともに活躍していたから、早くから勤王側だった藩と思っている人が多いかもしれない。

だが、熊本藩そのものは、実は時代から遅れていた。藩主の細川家は代々徳川家に引き立てられてきたし、五十四万石の大藩だったので、どうしても保守的だったのだ。

一八六八（慶応四）年一月に鳥羽・伏見の戦いが起こったとき、熊本藩はまだ公武合体、または徳川慶喜《よしのぶ》を議長とする大名会議で政治を行なおうという公議政体派の立場をとっていた。鳥羽・伏見の戦いで慶喜が敗れ、追討令が出されると、慌てて新政府への忠誠を示そうとしたが、藩論はまだ統一できず、米田虎之助の率いる五百の兵が新政府軍に参加するべく出発したのは、七月末になってからだった。

この段階になって、熊本藩はようやく肥後勤王党の意見に耳を傾け、同年十月、河上彦斎を鶴崎郷士隊長に任命した。

熊本藩の時代遅れぶりは明治維新後も続く。幕末には時代の先端を走っていた河上彦斎らが、今度はとんだ時代錯誤ぶりを発揮しはじめたのだ。

幕末、長州藩などの反幕府勢力は攘夷《じょうい》を主張していたが、長州は四か国連合艦隊と戦って完敗したあと、薩摩は薩英戦争のあと、攘夷の無謀を悟り、海外に目を向けはじめた。まして明治新政府が成立したときには、政府内に攘夷を主張する者など皆無で、新政府は欧化政策をとりはじめた。

だが、彦斎ら肥後勤王党の志士たちは、明治になってもなお攘夷を主張し続け、政府は熊本藩に対して、攘夷派を抱えていることへの不信感を表明した。肥後勤王党は政府にとって危険人物となったのである。

そのため、一八七一（明治四）年十二月、河上彦斎は斬首に処された。

また、勤王党の有力者・太田黒伴雄《おおたぐろともお》らは敬神党という急進的で神秘的な組織をつくり、欧米化してゆく世間を批判した。彼らは、元寇《げんこう》のときに神風が吹いたことにこだわったので、「神風連《じんぷうれん》」と呼ばれていた。

一八七六（明治九）年に廃刀令が公布されると、神風連の百七十余名は神託を得たといって決起し、「神風連の乱」と呼ばれる反乱を起こし、熊本県庁や兵営を襲撃した。なんと武器は刀と槍と薙刀《なぎなた》だけというから、国粋主義も徹底している。

そのためか、彼らは一夜の戦いで敗れ、ほとんどが戦死や自決したり、捕縛された。逃亡に成功した者はわずか四名だったといわれている。

翌年の西南戦争により、いまだ神風連の攻撃の傷がいえぬ熊本城は主戦場となり、天守閣を焼失してしまった。

◆会津藩◆

反逆罪で移住させられた藩士の不毛地帯での悲惨な生活

幕末に、藩主・松平容保《かたもり》が京都守護職を務め、最後まで官軍と戦い、白虎《びゃっこ》隊の悲話を残す会津《あいづ》藩は、哀しみのなかからの再出発を強《し》いられることになった。戦犯として容保が処刑されることこそ免《まぬが》れたが、代わりに家老の首を差し出さねばならなかったうえに、藩士たちは国を追われることになった。

旧会津藩領内の猪苗代《いなわしろ》一帯に封じられて農民一揆にさらされるよりはと、入植の道を選んだもので、場所は現在の青森県上北、下北、三戸《さんのへ》あたりの三万石の地だった。

会津藩では公称二十八万石、実質は六十七万石あったといわれている。その二十分の一以下、実際には二万石にも満たない土地へ、一万七千人近い人数で移住して、斗南《となみ》藩としてスタートしたのだから、その気候も含めて生活は苛酷を極めて当然である。

賊軍として、仙台藩も六十二万五千石から二十八万石へ、盛岡藩は二十万石から十三万石に減らされてはいるが、会津藩の減封ぶりに新政府の思いが見てとれる。ほかの賊軍、庄内、二本松、長岡などの諸藩も、領地没収、領主交替などが行なわれているものの、すぐにもとの領地へ戻されているのだから、会津への罰の重さがわかるだろう。

おまけに、斗南領を与える代わりに、新政府が目をつけていた蝦夷《えぞ》地への開拓民の供出も強要され、七百人を超える藩士たちが北の未開の地へ送られていった。彼らは再興がなった斗南藩への一年後の帰属が約束されていたとはいえ、苛酷な条件の土地での再興など望むべくもない。旧会津藩への処遇は見せしめともいえそうだ。

再出発前の一八六九（明治二）年は凶作で、移住はしたものの、寺や農家などに居候して食べ物を分けてもらうみじめな暮らしだった。新政府の救助米で家を建て、開墾作業をはじめる計画を立てるが、収容できた人数はごくわずかでしかなかった。

さらに入植の翌年の廃藩置県で、斗南藩が青森県に編入されると、容保の後継者で藩知事だった松平容大《かたはる》は東京へ召還され、藩の結束を断つ政策を新政府はとる。

まさに放り出された状態の藩士たちのなかには、食うに困って娘を妾に出したり、藩士の未亡人には売春をする者があらわれたり、贋金《にせがね》づくりに手を染めたりする者も出たという。

飢えをしのぐため、毛虫のようになんでも食べるところから、土地の人に方言で「ゲタカ」、あるいは豆ばかり食べるので「鳩（ハド）ざむらい」などと呼ばれてさげすまれる生活に疲れはて、脱走する者も後を絶たなかったという。

一八七三（明治六）年には、開墾予定地に建てられた住宅地に残っていたのはわずか四軒、十二人だったという記録が残っている。

領民を見捨てて藩主は逃亡！戦場となった北国の悲劇

◆松前藩◆

未開の地であった蝦夷《えぞ》地で、唯一の町らしい町が築かれていたのが松前で、置かれた陣屋を預かっていたのが松前藩（現・北海道）だった。それが幕末の頃になると、北方防衛の必要から築城が計画され、一八四九（嘉永二）年には松前氏は城持ち大名に格上げされた。

築城経費は膨大で、当時の蝦夷地からの運上金の十倍にもおよぼうという額だったが、なんとかクリアした松前氏は出世し、陸奥《むつ》や出羽《でわ》にも所領を与えられて三万石の所領となり、一八六四(元治《げんじ》元)年には、藩主・松前崇広《たかひろ》が老中に任ぜられた。ちょうど開国か攘夷《じょうい》かで幕府への批判の声が高まってきた頃で、それまでに寺社奉行や海軍惣奉行を務めて、英明の人と評判の高かった崇広は、佐幕・開国論者の立場で政局にあたった。これは、当時の将軍後見職・一橋慶喜《よしのぶ》(のちの徳川慶喜)とは意見を異にしており、結局は翌年には罷免《ひめん》され謹慎処分を受けてしまう。そしてさらに翌年、謹慎中のまま彼が病没したことが、松前藩の運命を大きく変える。

崇広の跡を継いだ徳広《のりひろ》は病弱で、諸藩が勤王か佐幕かの立場をはっきりしていくなか、松前藩は藩内の意見がまとまらず、守旧派の重臣たちは奥羽越列藩同盟に代表を送る一方で、東北地方で賊軍退治の進軍を続ける官軍に献金をするなど、優柔不断な態度をとり続けた。

これを潔しとしない若い藩士たちが、一八六八(慶応四)年四月、勤王を掲げてクーデターを起こし、守旧派の重臣たちを殺害する。病弱とはいえ、一応は藩主を擁《よう》しての決起だったため、ようやく松前藩の立場がはっきりしたのだった。

しかし、まだ藩政の整わない同年、榎本武揚《たけあき》率いる旧幕府軍が五稜郭に陣取ったうえで松前藩を襲った。

北国の小藩では、いくら逃げ延びてきたとはいえ、転戦で鍛えられた榎本軍の前にひとたまりもない。クーデターを起こした正議隊《せいぎたい》を中心とした松前藩勢は、城下を焼き払い、海を渡って津軽領平館《ひらだて》に逃走した。藩主徳広は新城での戦いまではなんとか持ちこたえたものの、津軽へ脱出しそこで病没する。

その跡を継いだ修広《ながひろ》は、松前軍として新政府軍に加わり、旧幕府軍の掃討に参加して成功するものの、藩主は領民を見捨てたことに対して詫び状を出さねばならなかったという。

その後、箱館が開港により外国貿易で発展していくのに対し、藩時代の蝦夷地産物の積み出し港としての立場も奪われた松前は、衰退の道をたどっていくことになる。

◆三田藩◆
本当の実力は維新後に発揮 変わり身の早い開明藩主

現在の兵庫県内陸部、三田《さんだ》市一帯を支配していたのが九鬼《くき》家である。一族の出身地は志摩《しま》で、九鬼水軍として名高い先祖を持ち、豊臣恩顧の戦国大名だったことから、徳川幕府が海のない内陸部に転封《てんぽう》したといわれている。

最後の当主となった九鬼隆義《たかよし》は、大政奉還を聞いたとき強く反対した佐幕派であった。ところが重臣の一人に、時局を見ればどちらに利があるかはっきりしていると諭《さと》されると勤王派に転身し、鳥羽・伏見の戦いの開戦を知るとすぐ、山陰鎮撫《ちんぶ》軍に恭順の意を示したという変わり身の早さを見せた。

しかも、「一藩だけでは意味がない」とたしなめられるものの、早々に版籍奉還を申し出るなど、機を見るに敏なところを見せている。

ある意味では要領がいいということになるのだろうが、時代の空気を読むのはたしかにうまかったようで、維新の翌年には洋装を用い、牛肉を常食するようになる。いま三田牛という神戸ビーフの元祖ともいうべき特産品が生まれたのは、この藩主のおかげかもしれない。

また藩主夫人の園子は、一八七二（明治五）年に有馬温泉で知遇を得た米国人宣教師デービスによってキリスト教に深く感化された。三田の陣屋跡に教会を建て、開堂式には新島襄《にいじまじょう》を招いて司会を依頼したり、洋書を通読するなど西洋への傾倒ぶりも見せる。

園子夫人との間にできた長女が亡くなったときは、デービス牧師によるキリスト教式の葬儀を執《と》り行ない、英文の墓碑まで建てているし、夫人が二人の息子に洗礼を受けさせたのに続き、隆義自身も一八八七（明治二十）年には洗礼を受ける。

有馬温泉でデービス牧師とともに九鬼家と知り合いになったダットレー女史は、

三田へ赴いて三か月の伝道活動を行なったとき、園子夫人から地元の少女たちを神戸で教育するように依頼され、一八七五（明治八）年、寄宿舎学校神戸ホームを設立する。これが、現在の神戸女学院の前身である。

一族ではあるが、支藩出身の九鬼隆一《りゅういち》も、フェノロサに啓発されて岡倉天心《てんしん》の活動を手助けしたことで、明治時代の美術行政家として名高い。新しい文明開化の空気を存分に楽しみながら時代を生きる気風が、三田藩には培われていたようである。

元当主は悠々自適の趣味生活
華族となった一族のその後

◆一橋家◆

最後の将軍・徳川慶喜《よしのぶ》は、水戸藩から御三卿《ごさんきょう》の一つにあたる一橋家に養子に入り、さらに将軍家に入った。

一橋家は、八代将軍・徳川吉宗《よしむね》が、四男・宗尹《むねただ》に徳川家の家号を許し、江戸城一橋門内に邸地を与え、賄料《まかないりょう》領知十万石を認めたのにはじまる。つまり領地を持たずに賄料のみ支給される家柄で、将軍家の継嗣《けいし》が絶えたときに養子を出す役割を担っていた。

を継いだ。
慶喜が将軍になると一橋家の当主がいなくなったので、謹慎中の尾張藩主・徳川慶勝《よしかつ》に代わって藩主となっていた慶勝の実弟・徳川茂徳《もちなが》が、茂栄《もちはる》と改名して一橋家を継いだ。

では、徳川慶喜と一橋家は、明治維新後、どうなったのだろうか？

まず徳川慶喜は、故郷の水戸で謹慎したのち、徳川宗家の所領となった駿河《するが》（現・静岡県）に移住した。宗家の居候という形である。

そのためか、政府ににらまれている立場を考えてか、慶喜は政治の世界に出ようとせず、趣味に没頭した。華族令が出された一八八四（明治十七）年、徳川宗家とは別に公爵家として一家を構えることが許されたが、表舞台を避けて趣味に生きるのには変わりなかった。

彼の趣味は、絵画・工芸・写真・能・書・和歌・俳句・乗馬・釣りなど、多方面におよんだ。自転車が珍しい時代にサイクリングを好んだり、日本で三番目に自動車を購入するなど、新しもの好きでもあった。

一方、一橋家は、一八八四（明治十七）年、茂栄を継いだ達道《さとみち》が伯爵の爵位を授けられた。一般的に十万石クラスの大名が伯爵となったので、十万石の賄料領知の一橋家もそれに準ずるとされたのだ。

一橋家と慶喜は親しい交流が続いたようで、達道と、水戸徳川家から達道の養子となった宗敬《むねよし》は、それぞれ慶喜の子孫と婚姻している。この宗敬は、農学博士となり、帝国森林会理事など、農業関係の要職を務めた人物でもある。

日本人初の飛行機操縦に成功してふたたび爵位を手に入れた

◆清水家◆

徳川家の御三卿《ごさんきょう》の一つ・清水家は、一七五八（宝暦八）年、九代将軍・徳川家重《いえしげ》の次男・重好《しげよし》が、江戸城清水門内に屋敷を与えられたのにはじまる。賄料《まかないりょう》領知十万石を与えられていたが、一八四五（弘化二）年に第五代当主・斉彊《なりかつ》が紀伊徳川家の養子となってから当主不在となり、一八五四（安政元）年には領知も召し上げられた。

一八六六（慶応二）年、水戸藩の徳川斉昭《なりあき》の十八男・昭武《あきたけ》が清水家に入り、翌年、兄の十五代将軍・徳川慶喜《よしのぶ》の名代《みょうだい》としてパリ万博に出席し、そのあとフランスで留学生活を送った。彼が渡仏中、日本は幕末維新を迎えたのである。

急ぎ帰国した昭武は、まもなく兄の徳川慶篤《よしあつ》に代わって水戸藩主となり、二年後、慶篤の次男・篤守《あつもり》が清水家を継ぎ、外務省御用掛などを務めた。篤守は、一八八四（明治十七）年、華族令によって伯爵となったが、一八九九（明治三十二）年に爵位を返上した。

自ら爵位と華族の身分を手放して平民となった清水家だが、のちに篤守の長男の好敏《よしとし》が実力でふたたび爵位を手に入れることになる。

好敏は、陸軍軍人となって気球部隊や航空部隊に勤務し、ヨーロッパで操縦技術を学んで、気球や航空機の研究に没頭した。

その甲斐あって、一九一〇（明治四十三）年、彼は代々木練兵場で日本人初の飛行機操縦に成功した。高度七十メートル、距離三千メートル、滞空時間三分間だった。

さらに好敏は、陸軍の明野飛行学校長、所沢飛行学校長、航空兵団長、陸軍中将などの要職を歴任し、それら一連の功績によって、一九二八（昭和三）年、男爵の爵位を授けられ、ふたたび華族になったのである。

◆人吉藩◆

尊攘派と佐幕派の兵制をめぐる対立が招いた粛清

まったく偶発的な災害から尊攘派と佐幕派の対立が激化したのが、肥後国（現・熊本県）の人吉《ひとよし》藩である。

人吉藩では、尊攘派と佐幕派の対立は兵制をめぐる対立ともなっていた。五人の家老や、十三代藩主・相良《さがら》頼徳《よりのり》の甥の新宮行蔵《しんぐうゆきぞう》ら尊攘派は、伝統的な山鹿《やまが》流軍学を支持していたが、佐幕派は、幕府講武所の稽古世話方《けいこせわがた》をしていたオランダ流砲術の松本了一郎《りょういちろう》が帰藩して、洋式への兵制改革を主張していた。

両者が激しく対立していた一八六二（文久《ぶんきゅう》二）年二月七日、城下から出火して「寅助《とらすけ》火事」と呼ばれる大火となり、城下町や藩庁が焼けてしまう。そればかりか、この火事で、各家の武器・武具の大部分を焼失してしまった。

松本了一郎らは、これを機に洋式兵制を採用するよう、十五代藩主・頼基《よりもと》に建言した。だが、あまり強硬に主張したので、頼基はかえって反発して洋式化はならなかった。

一八六五（慶応元）年、了一郎らが兵制洋式化に理解のない頼基を廃して、嫡子・武之進《たけのしん》を立てようとしているという噂が流れた。

その噂を本気にしたのか、頼基は新宮行蔵らに「上《じょう》意《い》討《うち》」の許可を与えた。行蔵らは、同年九月二十五日から二十六日にかけての夜半、了一郎ら洋式派の家臣二十数人とその家族を惨殺させたのである。

藩主を交替させるという噂の真偽は不明で、世の人々は洋式派に同情した。この事件は「丑歳《うしどし》騒動」と呼ばれ、以後、洋式派は勢力を失った。しかし、事件後、藩主は時代の趨勢《すうせい》に従って、結局、一八六七（慶応三）年に薩摩藩から教官を招き、兵制を洋式化させている。

有為の人材を失っただけの意味のない粛清だったが、佐幕派が一掃されたため か、藩論は薩摩藩の影響で公武合体から討幕へと移り、戊辰《ぼしん》戦争では、人吉藩は新政府側につくことになる。

◆富山藩◆
分離独立にかかった時間は十二年！ そこには加賀藩の影あり

廃藩置県では、旧藩体制の区画をもとに、組み替えが繰り返された。おかげで現在のような県域が誕生するまでに時間がかかったが、富山県のように十二年もかかったというのはなかでも珍しいケースである。

富山県を形成した越中《えっちゅう》富山藩も、不運な藩だった。富山藩の基礎となったのは戦国時代に佐々成政《さっさなりまさ》が築いた国だが、彼が豊臣秀吉に敗れたことで加賀を支配していた前田利家の所領となる。

江戸時代になって加賀前田藩が誕生すると、前田の分家、つまり支藩として富山藩は独立する。それでも「越中の犠牲において能登が栄えた」といわれるような植民地同様の存在で、そのまま明治維新を迎えた。

廃藩置県により、一八七一（明治四）年七月にいったん富山藩から富山県となるが、十一月には近隣三郡を合わせて新川県に変更になる。さらに五年後、新政府は新川県を、加賀藩から生まれていた石川県に併合する。旧加賀藩がそっくり入った版図だった。

維新後に旧富山藩領で起こった農民一揆と、廃仏毀釈《はいぶつきしやく》政策に対する反乱の二つの騒動により、県の政治力が不安視されたからかもしれないが、それは中央政庁の一方的な考えからだった。まさに、中央が地方を振り回した例であろう。

しかし、旧富山藩民には誇りがあった。長期の自立政権のなさから、支配体制や政治力を疑われたことに関してではない。そもそも越中という国名は律令時代からのもので、本来の区割りの名称だ。加賀も能登も、越前から分離独立する形で生まれた地名でしかないのである。

それは江戸時代の版図で、京に近いほうから越前、越中、越後と並んでいなければならないのに、越中と越後の間に加賀と能登が挿入された形になっているのを見ても明らかである。

ここに、富山県の石川県からの独立を求める人たちの誇りと拠《よ》り所があったのだ。

この主張が認められたかどうかわからないが、古代律令政治地図にのっとり、旧越前国は一八八一（明治十四）年に福井県となり、旧越中国は二年遅れて富山県となったのだった。

◆加賀藩◆
ぼんやりしていたため県名に藩の名を残せず

幕藩体制下で大名としては最大である百万石を誇った加賀藩（現・石川県）は、江戸時代を独自に過ごした。家康も一目おいたほどの藩祖・前田利家の偉大さに押しつぶされることもなく、豊かな財力を背景に独自の文化や芸術を育て、それをいまに伝える。

ところが幕末期において、いろいろな意味で加賀藩の影は薄い。

たしかに立地条件からしても、幕末の動乱の中心地であった京からは離れており、震源地の薩長からはさらに遠い。おまけに経済的な困窮もないとなると、改革や革命の必要も少なく、ぬるま湯に浸《つ》かったように現状を受け入れていたため、自力で動き出すのが遅かったのだろう。

いや、本当に自力で動き出したのかどうかも怪しい。

加賀藩に、最初に勤王の動きが見られるのは、一八六二（文久《ぶんきゅう》二）年になってからで、石川郡の医者・小川幸三《こうぞう》が京都における状況とともに尊攘的意見を上申したときである。

ところが、小川は浪士のスパイだという意見が出たため、禁固に処されてしまう。

加賀藩に驚きが走るのは翌年。将軍・徳川家茂《いえもち》が上洛するのに際し、藩主・斉泰《なりやす》が先発を命じられてからだ。江戸時代にあって、将軍のほうから朝廷に挨拶に出向くというのは大きな事件だったので、状況がそこまで進展していることを知り、慌てて小川の禁固を解く。

将軍とともに京都へ赴いたものの、それまでの不精がたたって何の情報網も持たず、状況の把握すらできないでいたのだった。

ただ、世子・慶寧《よしやす》には勤王思想の側近がいて、これがわずかに救いといえた。それが、「八月十八日の政変」で長州が失脚したとき、御所警護の任でたまたま京にいた慶寧が長州をとりなそうとしてかなわず、病気を口実に京を離れてしまう。幕府の命に背いたことになるから、斉泰は彼を謹慎させ、側近四十人あまりを処罰する。これで加賀藩のわずかな勤王の火種は消え、ついに明治維新までなすすべもなく時代に流されたのだった。

こうした経緯が、加賀藩に廃藩置県後の厳しい現実となって影響をおよぼす。金沢県となった加賀藩に、旧藩ゆかりの人物ではなく薩摩出身者が大参事として着任し、いいようにふるまわれてしまう。

さらに、県域に越中・越前の一部が含まれたため、城のあった金沢は県の北に寄りすぎているという理由から、県庁が石川郡美川《みかわ》に移され、県名は「石川県」にされてしまう。その後、県域はふたたび加賀一藩に再編されるものの、結局、金沢県の名は戻ってこなかった。

◆上田藩◆
就学率は全国平均の倍！寺子屋増大が百姓一揆に火をつけた

一八七二（明治五）年に学制公布があり、子供たちが学校へ通うことが義務づけられるが、その四年後の、筑摩県と統一された長野県における就学率は六三・二三パーセントで全国一だった。

全国平均が約三八パーセントしかなかった時代、この倍近い数字は驚異的だ。しかも東京のような繁栄を続ける都市でもなく、京都のように歴史を誇る町でもない土地だからなおさらである。

この数字は、旧幕藩体制時代の信濃で、学問が非常にさかんだったことの延長線上にあるもので、それは現代まで続く。

当時の子供たちの学問の場といえば、寺子屋である。手習所、手習塾などとも呼ばれた私塾で、十八世紀初頭まではたいした数ではなかったが、しだいに増えはじめ、文化・文政年間（一八〇四～三〇）から幕末にかけて急増する。

これは、学習欲に応えて富裕農民が農家の子供を教えるという農民師匠が多かったためだ。最初に師匠となったのは、知識人でもあった庄屋や地主たちだった。

文政年間末には信濃の寺子屋の数は三千五百を超えていたが、そのうちの半数以上が農民師匠の寺子屋だった。ちなみに、名前の由来となっている寺の僧侶は一割強でしかない。都市部の浪人などが開いた私塾は、一割ほどで、ほかにもまれに神官、医者が教えることもあった。

こうして知識を身につけた農民たちは、自我意識に目覚め、社会制度の矛盾などにも気づくようになる。とくに幕藩体制という封建社会のもとでの農民の立場などを考えるようになると、そこから行動が生まれる。

それが百姓一揆だった。

上田藩では、領民一万三千人が、強訴《ごうそ》・打ち壊しという騒動を、すでに一七六一（宝暦十一）年に起こしている。このときの騒動では庄屋の不正追及なども行なっており、寺子屋での学習がただの「読み・書き・そろばん」にとどまっていたのではないこと、たんなる不満の爆発だけの一揆ではなかったことがわかる。

長期にわたる江戸時代の学問の積み重ねは、一八六九（明治二）年にも、旧上田藩領全域にわたる大一揆を引き起こす。これは、藩知事となった前藩主・松平忠礼《ただなり》に、年貢減免のような経済的項目だけでなく、庄屋の交替制や村民による選挙制を要求するなど、自由や民主主義を求めての一揆だった。

学制の施行でさらに学問を積み重ねた現在の長野県に、その気風は受け継がれている。

◆広島藩◆
王政復古に活躍したのに新政府では無視された理由

安芸《あき》広島藩は、一八六七（慶応三）年九月、薩摩と長州の間で討幕の同盟が成立したのに続き、長州と同じ盟約を結んでいる。薩長芸三藩同盟といわれるものだ。

ところが、大政奉還した徳川家を王政復古のクーデターにより討幕する密勅は、薩摩と長州だけに出され、広島藩には出されることがなかった。それが尾を引いて広島藩は、明治新政府の要職に藩出身者を送り込むことができないという、貧乏クジを引くことになった。

これは広島藩が、薩長に比べて軍事力で劣っていたからという理由だけではない。藩の態度が、武力討幕に徹しきれなかったところに原因がある。

もともと広島藩は、一八六四（元治《げんじ》元）年に幕府が行なった第一次長州征伐のとき幕府軍として出兵、長州藩の隣国でもあったため、福山、岡山などの藩から集められた征伐軍の前線基地の役割を務めていた。

軍需物資の調達に努力し、膨大な量の物資が必要になったための値上がりを防ぐ通達を出すなど、幕府の強い味方となっていたのである。

ところが、一八六六（慶応二）年の第二次長州征伐に至ると、広島藩は戦争回避へと方向転換し、戦場となった安芸を荒らされながらも、長州藩と幕府との仲を取り持って穏便にことがすむよう奔走する。

たしかに、この年のはじめに薩長同盟が成立するなど、短期間に時局は動いており、長州にしても急進派と守旧派のどちらが藩の重役に就くかで藩の方針が変わったりした時代だったのだ。

ともかくも、このときの広島藩の行動が、薩長の双方の藩から信頼を得るきっかけとなり、のちの三藩同盟へとつながる。

ところが、広島藩の穏健派の心を動かす大政奉還論が、土佐から出てくるのがこの頃。広島をはじめ、これを支持する藩と、あくまでも武力討幕を唱える藩との間で意見が飛び交い、各藩が独自に動き出す。

広島藩は大政奉還を奏上して、幕府がこれを聞き入れなかったら討幕軍を出すという方針に決定するのだが、これを弱腰と見た薩長に仲間はずれにされてしまう。薩長の徹底武力解決派は、九月の三藩同盟、十月の土佐藩による大政奉還の建白書提出と幕府の応諾があったにもかかわらず、十二月には王政復古のクーデターに突き進むという素早い行動で、ことを成就させたかったのだ。

そして続く戊辰《ぼしん》戦争では軍事力のなさからたいした活躍もできず、新政府の要職からはずされたのである。

◆佐賀藩◆　火を噴くアームストロング砲!! 最強の近代軍を育てた藩主

幕末を彩る志士たちのなかに、佐賀藩士の名はほとんど登場しない。維新を待たずに絶命したものの坂本龍馬を生んだ土佐や、明治の元勲《げんくん》となる人たちが暗躍した史実が残る薩長と違い、尊王派として討幕の旗を振ったわけでもないのに、なぜか明治新政府に多くの人材を送り出したのが、佐賀藩である。

明治新政府で重用《ちょうよう》された、薩長土肥（薩摩・長州・土佐・肥前《ひぜん》）出身者というときの、肥が肥前佐賀藩で、幕末の藩をつかさどっていたのが、藩主・鍋島直正《なおまさ》だ。彼が、多くの人材を輩出する礎《いしずえ》を築いたのだった。

直正が佐賀藩の第十代当主の座に就いた一八三〇（天保《てんぽう》元）年、佐賀藩は借金漬けだった。参勤交代で江戸を発《た》つとき、家臣たちが借金取りに足止めされたことから、直正は藩の財政改革に乗り出した。

農村改革で収益があがる制度を整備し、藩政では現在でいうリストラを行ない、借入金のあった豪商には不良債権放棄にも等しい長期年賦返還に変更させたりという、かなりの荒療治ではあったが、自分の参勤交代の随行員の数を減らすなど、見栄を捨てて実を取る政策も行なった。

結果、余剰金を軍用資金として貯め込ませることに成功する。

その次に直正が行なったのが、軍制改革による近代洋式兵術の導入だった。つまり、藩士すべてに「火術習熟」を命じ、オランダ式銃を購入して支給したり、大砲鋳造のための研究をさせて反射炉を建設したりしたのだ。

実際にオランダから大砲を購入して鋳造の研究をはじめ、一八六一（文久《ぶんきゅう》元）年には、すでに第一号のアームストロング砲を完成させている。その前年には「総鉄砲」を命じて、兵士の持つ武器は弓や槍を廃止し、すべて洋式銃を携帯させ、洋式教練を実施した。もちろん、小銃も自前で生産できる体制を整えてのことである。

こうして佐賀藩は、当時としては最新・最強の洋式軍隊の育成に成功していたことが、戊辰《ぼしん》戦争で大いに役立ったというわけだ。

しかし、軍事力への評価で新政府に出仕できたとしても、素質がなければ大隈重信を筆頭に江藤新平、副島種臣《そえじまたねおみ》、佐野常民《つねたみ》ら、名を残す偉人は出なかったに違いない。武術しか取柄がなく、そのおかげで役人となった人は、政治の現場では能力のないことも多いが、実際の教練だけでなく製造まで手がけたことで知識の面でも長《た》けていたため、軍人の多い新政府内で文人として、佐賀藩出身者をいっそう目立たせることになったのだ。

◆津和野藩◆
藩学の影響か？　藩内のキリスト教徒を大弾圧

山陰の小京都といわれる島根県西南部の津和野《つわの》町に城下町を築いたのが、津和野藩四万三千石である。

この小藩が、意外にも明治維新に重要な役割を果たしている。幕末、藩校は国学を中心としており、その教授の一人、大国隆正《おおくにたかまさ》は、「王政復古の大号令」の原理となる独特の祭政一致の尊王攘夷《じょうい》論を打ち出したのである。

そのため、明治初期の宗教行政は、津和野藩主・亀井茲監《これみ》、大国隆正とその門下の玉松操《たままつみさお》や福羽美静《ふくばびせい》など、津和野藩が中枢となっていた。

津和野藩を出世へと導いた藩学だが、同時に、この藩学は凄惨なキリスト教徒の迫害事件を引き起こしている。

キリスト教は鎖国の間禁止されていたが、ひそかに信仰は続いており、一八六五(元治《げんじ》元)年に長崎の浦上天主堂が完成すると、それまで隠れていたキリスト教徒が集まりはじめた。

これが明るみに出ると、一八六七(慶応三)年から「浦上四番崩れ」と呼ばれるキリスト教徒の弾圧がはじまった。「崩れ」とは、キリスト教徒が大量に検挙されて組織が崩壊した事件をいう。「四番」とは四回目という意味で、過去に三回の大弾圧があったのである。

キリスト教徒の弾圧は明治新政府にも引き継がれ、一八六八(明治元)年、政府は浦上のキリスト教徒三千四百十四人全員を逮捕し、二十二か所に配流《はいる》した。そのうち百五十三人が津和野藩に流された。キリスト教徒の処分を決める御前会議で、津和野藩は「説諭して改心させるべきだ」と主張し、その意見が採用されたのだが、批判的な強硬派に多人数を押しつけられたといわれている。

自分たちの藩学に自信を持っていた津和野藩だが、予想に反して、キリスト教徒たちは断固として改宗しない。面目にかけても改宗させなければならない立場となった津和野藩は、ついに説諭を拷問に切り替えた。その結果、苛烈な拷問の末、三十六人が殉教したのである。

他藩でも計六百人以上を死なせているから、拷問したのはおそらく津和野藩だけではなかっただろう。

税収を増やすため⁉ 驚くほど過激な廃仏毀釈

◆松本藩◆

信濃国（現・長野県）の松本藩は、交通の要衝に位置する徳川家譜代の藩で、一八六三（文久《ぶんきゅう》三）年から一八六五（慶応元）年まで浦賀の警固にあたり、その間の一八六四（元治《げんじ》元）年十一月には、京都をめざす水戸浪士を和田峠で迎え討ち、一八六六（慶応二）年の第二次長州征伐では広島まで出兵した。

長らく譜代大名として幕府に忠誠を尽くした松本藩だが、一八六八（慶応四）年一月の鳥羽・伏見の戦いのあと、新政府に帰順するか、佐幕を貫くかをめぐって藩論が沸騰する。

二月、帰順か佐幕かを決める会議が開かれ、議論が長引いていたとき、藩主・戸田光則《みつひさ》が帰順の決定を下した。

光則には松平の姓があったが、彼はそれを廃して本姓の戸田に戻した。戊辰《ぼしん》戦争では、それまでの方針を一転させ、新政府軍の一員としてめざましい活躍をしている。

さらに彼は、明治維新後、政府の神道を国教とする政策に、驚くほど過激に追従した。神道化のために仏教を抑圧・排斥した「廃仏毀釈《はいぶつきしゃく》」を、松本藩は過激なまでに実行した藩の一つだったのだ。

松本藩では、城下の松本だけで、二十四の寺のうち二十寺が廃された。藩全体では、浄土宗三十寺のうち二十七寺、曹洞宗四十寺のうち三十一寺が廃されたというから、存続できた寺は少ない。

これほど激しい廃仏毀釈が行なわれた大きな理由として、譜代大名だった戸田光則が尊王の証《あかし》を立てようとしたと考えられる。

だが、それだけでなく、免租地の寺領を廃することにより税収を得ようとしたという理由や、朱子学や篤胤《あつたね》学など思想の影響も考えられる。

篤胤学は本居宣長《もとおりのりなが》の弟子だった平田篤胤が、宣長の国学を極端に宗教化してつくり上げた神秘的な神学体系で、天皇を中心とする国粋主義や排仏思想などを含み、幕末の尊王攘夷《じょうい》運動に大きな影響を与えた。信濃では、この篤胤学の学者や門人が非常に多かったのだ。

松本藩でも、朱子学や篤胤学などの見地から、神道化を積極的に進め、廃仏毀釈を激しく行なったという面があったと考えられている。

箱根を任された譜代の名門も藩が二つに割れて没落

◆小田原藩◆

かつては、豊臣秀吉の天下統一に最後まで待ったをかけた北条氏の本拠で、難攻不落といわれた小田原城。江戸時代になっても要害であることに変わりはなかった。

背後に山を控え、前は海という立地で、西国から江戸を攻める敵を阻む、関東防衛の拠点として重要な役割を担っていた。もちろん箱根山に設けられた関所も、小田原藩の管轄下にあった。

藩主は譜代大名の大久保家で、幕末の当主・忠礼《ただのり》は、一八六七（慶応三）年には甲府城代も任されるほど幕府の信任が厚かった。

戊辰《ぼしん》戦争がはじまると、箱根の関所の守りのために小田原へ戻るよう幕府の命が下るものの、官軍が藤枝まで進軍してくると総督府へ誓書を渡して帰順を表明する。

ところが、旧幕軍の遊撃隊が、脱藩してまで幕府に殉じようとしていた元請西《じょうざい》藩主・林忠崇《ただたか》率いる軍とともに箱根の関所を占領する。

すると、遊撃隊とともに官軍と戦う藩士たちが出現して、小田原藩は二分してしまう。おかげで藩主の恭順の意を示そうと、忠礼は城を出て官軍を出迎えるも功を奏さず、朝敵《ちょうてき》扱いの永蟄居《えいちつきょ》を命じられる。

おまけに独自の後継者も立てられず、小田原藩は、荻野山中《おぎのやまなか》藩の大久保家のものとなってしまうのだった。藩が二分したために、心ならずも官軍と戦う藩士を出した藩はほかにも多いが、小田原藩ほど見せしめにされたところはない。それだけこの地が要衝だったのだろう。

ここから、旧藩主の失意に合わせるように、小田原の転落がはじまる。

宿場町としての誇りだった本陣と脇本陣は廃止され、天然の良港だったはずの港は、外国船の入港には狭すぎて時代に取り残されていった。

廃藩置県でも、一度は小田原県となるものの、韮山《にらやま》県と合わせて足柄《あしがら》郡に編入され、最終的に名門の名前は消えていった。

◆対馬藩◆ あやうくロシアの植民地になりかけたところを救ったのは?

日本の鎖国政策を大きく揺るがした黒船来航は、ペリー提督率いるアメリカ艦隊の浦賀への出現が歴史に記録されるが、それ以前から、日本近海にはフランスやイギリスの船が姿を見せていた。もちろん、北海道と海を隔てただけの土地を領土とするロシアも例外ではなかった。

ロシアは、日本海沿岸に出没しただけでなく、島ではあるが日本の領土に上陸までして、そのまま土地を占有しようとすらした。

訪れたのは対馬《つしま》。一八六一(文久《ぶんきゅう》二)年の二月、軍艦ポサドニック号が浅茅《あそう》湾に姿を見せ、ビリレフ艦長は船の故障を修理したいと対馬藩に申し出ると、そのまま芋崎浦を占拠して勝手に上陸してしまうのだ。

慌てながらも、軍艦からの攻撃を恐れて手の出せない対馬藩を尻目に、井戸を掘りはじめたり、住まいを建造したりと住みつく気配を見せる。退去を求めてもどこ吹く風で、領有を前提に資材や食糧の提供を申し出ただけでなく、図に乗って遊女を送り込むことまで要求してきた。ときには、通行禁止の場所をボートで渡ろうとすることさえあった。

番所を設けて見張りをしていた島民たちは、そのたびにボートに向かって石を投げるなど、通行を阻止しようと抵抗を試みていた。四月のある日、そのなかの一人、百姓安五郎をロシア人が射殺するという事件が起きた。

こうなっては放っておけなくなり、幕府が外国奉行・小栗忠順《おぐりただまさ》を対馬に派遣するも、ロシアは対馬藩に対してと同様、芋崎一帯の永久租借権とロシア軍による警備権など十二か条の要求を突きつけるばかりで、退去には応じない。

ロシア人の対馬占拠に困り果てた幕府は、七月になってイギリス公使オールコックに仲介を依頼、彼が二隻の軍艦で対馬を訪れ、ようやく立ち去ってもらうことに成功した。

欧米列強によるアジアでの植民地政策が進んでいた時代であり、イギリスの仲介がなければ、対馬がそのままロシアの植民地となる恐れも充分にあった。ロシアは日本海航行の重要拠点としての対馬を狙ってきたわけだが、それはイギリスにしろ、フランスにしろ、できれば自分の国が……と目をつけていたのだろう。

この点で、ロシアとイギリスに互いを牽制する気持ちがあったからこそ、イギリスの仲介が成功したといえる。

◆田安家◆

日本初の女子留学生を出した旧幕府側の苦渋の選択

一八七一（明治四）年十一月十二日、岩倉使節団が渡米するとき、日本初の女子留学生五人がワシントンまで同行した。そのなかでも数え年でようやく八歳、満年齢にして七歳に満たない最年少留学生だった津田梅子は、のちの津田塾大学創立者としても有名である。

この梅子は、徳川家の分家筋にあたる御三卿《ごさんきょう》の一つだった田安《たやす》家と縁がある。梅子の母の津田初子は、田安家の家臣・津田栄七の末の娘で、梅子の父の仙《せん》は初子との結婚によって津田家の婿養子となったのだ。

仙は、下総国《しもうさ》（現・千葉県）佐倉《さくら》城内で、堀田正睦《まさよし》の家臣・小島良親の子として生まれた。老中ともなった藩主の堀田正睦は大の蘭学好きだったので、仙もその影響を受けて、西洋の学問や外国語を熱心に学んだ。

津田家の婿養子になった二十四歳のとき、その努力により、幕府の外国奉行通弁に抜擢される。

一八六七（慶応三）年には、幕府の使節の通訳として福沢諭吉らとともに渡米し、帰国後、英語教授方として通弁や翻訳の仕事をしていたが、明治維新による大変革に際して官職を退いた。

梅子をアメリカ留学に応募させたのは、この仙である。仙は、明治維新の政局が動揺する最中に、梅子や養女に出した長女の琴子に早期教育させるよう、妻に手紙を出すなど、娘たちの教育に積極的だった。

だが、国際化の進んだ現代でも、まだ満六歳の娘を一人で海外留学させようとする親は少ないだろう。

この決断には、津田家が田安家の家臣で、幕末維新には幕府側にいたことと関係があると思われる。

実は、女子留学生は、金銭面では好条件だったが、あまりにも突然だったため、最初に募集したときには応募者が一人もあらわれなかった。

そこで二次募集を行なって、五人の応募者を留学生に決めたのだが、彼女たちには、外務省や開拓使などといった外国や洋学に関係のある仕事を経験している父を持つというほかに、戊辰《ぼしん》戦争のときに親か兄が旧幕府側にいたという共通点があった。

敗者としては、当局から娘を留学させるよう圧力をかけられれば拒みにくい。それに、これを機に当局の覚えをよくしたいとか、家を再興する期待を娘にかけたいという気持ちもあったとも考えられる。

これほど幼い少女が親から離れて異国に赴いたのは、三年前に起こった戦いの敗北の爪跡といってもいいかもしれない。

江戸諸藩なるほど裏話 ※ 近畿

ペリーよりも早く来航していた二隻の米国船の目的とは?

◆紀州藩◆

米国船がはじめて日本に来航……というと、ペリー来航が思い浮かぶが、実は、紀州藩（現・和歌山県）の大島樫野浦《おおしまかしのうら》には、ペリーより六十二年も早い一七九一（寛政三）年春、二隻の米国船が来航している。

この米国船は、中国と交易を行なっていた商船レディ・ワシントン号とグレイス号で、時化《しけ》に遭《あ》い、風待ちのために寄港したと説明した。だが、これらの商船は、中国と交易するとともに日本との交易も望んでおり、その打診が目的だったともいわれている。

いずれにせよ、地元の村人たちはこの異国船に興味をそそられたらしい。二隻が停泊中、村人たちが釣り舟に乗って沖合に停泊中の異国船を見物にいったり、乗員たちが彼らを船内に招いて食事をふるまったりしたという記録が残されている。

異国船来航の知らせが和歌山城に届くと、十五人の藩士が現地に向かったが、二隻は日本の鎖国政策のかたくなさを認識したのか、時化が静まったからか、藩士たちが到着したときにはすでに出航したあとだった。

このほか、紀州では、別の異国船二隻が紀伊半島南端近くの太地《たいじ》沖で鯨船の者を招いて、船や銛《もり》を写生したという記録もある。

紀州の漁民たちは、開国のかなり以前か

ら、異国船と何度も交流していたようである。

体にいいからやめられない！ 肉食禁止の時代に公然と牛肉を生産

◆彦根藩◆

江戸時代にはタブーだったと一般に思われているが、実は、上層階級では牛肉を食べていた。それどころか、牛肉を特産物としていた藩もある。近江《おうみ》国（現・滋賀県）の彦根藩だ。

牛肉は、『本朝食鑑《ほんちょうしょくかがみ》』に「気を補い、血を益し、筋骨を壮んにし、腰脚を強くし、人を肥健にする」とあるように、薬か健康食のように考えられていた。日本食は淡泊な食品が多く、タンパク質が不足しがちだから、牛肉はたしかに健康食という面があったと思われる。

彦根藩では、一六八七（元禄）年、中国の明《みん》の李時珍《りじちん》が著した『本草綱目《ほんぞうこうもく》』を参考に牛肉の味噌漬けを考案し、「反本丸《へんぽんがん》」という薬と称した。この反本丸や干肉・酒煎肉・粕漬肉など、保存がきくように加工された牛肉は、幕府や親藩大名などにも贈られている。

あの忠臣蔵の大石内蔵助《くらのすけ》も、彦根産の牛肉の味噌漬けに「彦根の産、黄牛《あめうし》の味噌漬け養老品故《ゆえ》……」という手紙をつけて、堀部弥兵衛に送っているから、ある程度一般にも出回っていたようだ。

この彦根の牛肉は、明治維新後さかんに生産されるようになり、今日の「近江牛」となったのである。

◆赤穂藩◆

検証！浅野内匠頭が吉良上野介に斬りかかったワケ

『忠臣蔵』では、勅使接待役となった浅野内匠頭《たくみのかみ》がその指導をする高家《こうけ》筆頭の吉良《きら》上野介《こうずけのすけ》に贈った賄賂《わいろ》が少なかったため、上野介が内匠頭にいやがらせを繰り返し、その恨みから殿中《でんちゅう》で内匠頭が上野介に斬りかかる……という展開になっている。

だが、実は、内匠頭が上野介に斬りかかった理由はわかっていない。内匠頭は、死ぬ前に刃傷沙汰の動機を何も説明していないのである。『忠臣蔵』は、内匠頭の刃傷事件と浅野家の遺臣たちによる仇《あだ》討ちをモデルにしてつくられたフィクションで、ここで描かれた刃傷事件の動機は仮説の一つにすぎない。

この賄賂説のほかにも仮説がいくつかあ

当時、赤穂藩の塩田技術は全国一とされた（塩とたばこの博物館蔵）

り、その一つに塩田が原因という説がある。赤穂藩のすぐれた塩田技術を見た上野介が内匠頭にその方法を教えるよう求めたが、教えてくれなかったのでいやがらせをし、その恨みという説である。

どちらも内匠頭が正気で、上野介にいやがらせをされた恨みという点が共通しているが、いやがらせはなかったという見方も出ている。内匠頭は自己抑制ができず暴発しやすい性格で、勅使接待役の緊張や疲れなどから、ストレスが極度に重なり、発作的に乱心したのではないかというのである。

真相は不明だが、今日では、『忠臣蔵』の設定とは異なり、乱心説が有力のようである。

◆五章◆

名君と暴君は紙一重！
全国にその名を轟かす藩の顔

◆彦根藩◆

彦根が県名とならなかったのは藩主・井伊直弼への恨みから!?

幕末、尊攘派の志士たちに最も憎まれた人物の一人は、彦根藩主で大老の井伊直《いいなお》弼《すけ》だった。

直弼は、攘夷《じょうい》論者たちの猛反対を押し切って、一八五八（安政五）年六月、日米修好通商条約を締結した。また、将軍継嗣《けいし》を紀州の徳川慶福《よしとみ》（のちの家茂《いえもち》）と決定し、抗議のために登城した水戸藩主・徳川斉昭《なりあき》らを謹慎や隠居処分とし、それを引き金に「安政の大獄」と呼ばれる弾圧を断行した。

これらの強硬な政策は反対派を憤激させ、一八六〇（万延元）年、直弼は、水戸脱藩浪士十七人と薩摩脱藩浪士一人からなる刺客に襲撃され暗殺された。世にいう「桜田門外の変」である。

直弼の首は重傷を負った刺客が持って逃げ、遠藤但馬守《たじまのかみ》が偶然手に入れた。井伊家は但馬守に頼んで首を返してもらい、胴に縫いつけ、手傷を負っただけと偽って喪を伏せ、その間に嗣子・直憲《なおのり》の相続願を出した。大名が継嗣を立てずに死ぬと家が断絶になるので、相続願が聞き入れられてから、直弼の死を発表したのである。

この直弼の死後、彦根藩の苦労がはじまる。世間で尊攘派が勢力を盛り返すのに伴って、藩内でも直弼に批判的だった尊攘派が台頭し、直弼の側近だった長野主膳《しゅぜん》を斬首にした。

さらに、幕閣も反井伊派に変わり、彦根藩は十万石の減封となった。にらまれながらも、彦根藩はしばらく幕府に従っていたが、一八六七（慶応三）年に王政復古が発令されると、彦根藩は下級藩士たちに引っ張られるようにして新政府軍への服従を表明し、戊辰《ぼしん》戦争では新政府軍として参戦した。彦根藩兵は、下総《しもうさ》（現・千葉県）流山《ながれやま》の戦いで元新選組局長・近藤勇を捕縛するなどの働きをしている。

素早い変わり身で時代を乗り切った彦根藩は、廃藩置県後、彦根県となったのだが、明治政府は、彦根藩の領地の一部にすぎなかった長浜を長浜県として独立させたうえ、彦根県を長浜県に編入してしまった。

彦根藩が戊辰戦争の最初から新政府側についたにもかかわらず、彦根の名を県名に残せなかったのは、やはり井伊直弼への恨みからだろうといわれている。

藩主自らが脱藩して転戦
維新後は番頭や書記に転職!?

◆請西藩◆

開国か攘夷《じょうい》か、あるいは尊王か佐幕かと、幕末の諸藩は世の中の流れにつれて意見を変えていったり、どの派に属するかで離合集散を繰り返したが、かたくなに佐幕を守り通したのが、請西藩《じょうざいはん》である。

小藩が分立していた房総半島にあって、とくに勤王か佐幕かを迷ったり、裏切ったりする藩が多いなか、江戸城開城ののちも、最後まで官軍に徹底抗戦した藩主のいたことで名を残している藩だ。

藩主・林家は、清和《せいわ》源氏の支流にあたり、長く徳川家の直参《じきさん》旗本だったが、十五代当主のとき大名に取り立てられて、請西藩を所領としていた。一八六七（慶応三）年に、わずか二十二歳で十七代当主となった林忠崇《ただたか》が、佐幕を貫き通したのだった。

一八六八（慶応四）年三月に江戸城を開け渡したものの、幕府軍の残党たちは北へ向かって逃走しながら抵抗を試み、幕府再興の夢を賭けた。そのなかの一団が請西藩を頼ってきたとき、房総諸藩の佐幕勢力を集めて挙兵を決意した忠崇は、徳川家や藩に迷惑をかけるのを恐れ、自ら脱藩して出陣する。

幕末の志士たちが、自らの思想によって脱藩するのは珍しくもないが、藩主自身が脱藩というのは、後にも先にも例がない。彼は藩士たちにも出陣を命じてはおらず、従った兵力は志願した五十九人のみ。

忠崇軍は、関東各地に落ち延びていた幕府残党、あるいは会津、米沢など奥羽越列藩同盟の軍とともに各地を転戦するが、時の勢いに勝てるはずもない。連敗を続けたうえ、会津藩が降伏したのを知ると、明治改元後の十月三日、忠崇はわずか十九人となった家臣を連れ、仙台藩を通じて降伏を申し出て、囚《とら》われの身となった。

林家は忠崇の弟が継いで安泰だったため、赦免《しゃめん》後の忠崇は一時、弟のもとに身を寄せるが、やがてかつての自分の領地へ戻って農業に従事したり、東京府や大阪府の官吏として書記を務めたり、函館へ渡って商店に勤めるなど、職を転々として過ごす。

一時は朝敵《ちょうてき》とはなったものの、その徳川家への忠義の心を認められた忠崇が名誉を回復、最後の請西藩主として華族に列せられるのは、一八九三（明治二十六）年になってからのことである。

英雄になりきれなかった勤王藩士の悲しい結末

◆丸亀藩◆

勤王思想は、幕末に多くの脱藩者を生んだ。藩士でいることが討幕運動をするのに潔しとしない、あるいは藩の意見に反して尊王攘《じょうい》夷思想を抱いている、自分の勤王の立場が藩に迷惑をかけるなど、人それぞれからの行動だった。

そんな一人が丸亀藩の土肥大作《どひだいさく》だ。讃岐《さぬき》丸亀藩は五万二千石の外様大名・京極氏の領地。この藩での彼は尊王派の中心的人物だった。弟の土肥七助とともに一八六三（文久三《ぶんきゅう》）年に脱藩し、京で長州藩士らと交友を持って翌年に帰国、日々に変化している情勢を国元に報告している。

このことからして、丸亀藩は尊王攘夷派だということになるのだが、弱小藩の悲しさ、旗幟《きし》を鮮明にできずに日和見《ひよりみ》の立場をとらざるを得なかった。長州藩から内密の使者が訪れたときは、土肥大作に応接させていることからも、ひそかな藩の意思はうかがえる。

藩内にも尊王攘夷派が多く、それは藩士にとどまらなかった。豪商の越後屋は藩内ばかりか各地の志士たちの間でパトロンとして知られており、長州の高杉晋作をかくまったことで罪に問われ、処罰されている。

土肥大作も、この晋作の逃亡を手助けした罪に連座して幽閉されるが、藩にしてみれば幕府の手前しかたがないことだった。なにしろ京極家は過去にお取りつぶしに遭《あ》い、再興が認められた家だけに、多度津《たどつ》に分家をつくって支藩にしたほど用心深い家風。藩の立場も佐幕か勤王か、日和見的にならざるを得なかったのだ。

一八六八（慶応四）年一月、戊辰《ぼしん》戦争がはじまって四国にも官軍の手が伸びると、丸亀藩はすぐに大作の幽閉を解いて勤王の意思を表明する。さらには彼を高松征討の丸亀・多度津連合軍の参謀に据え、先鋒隊を務めさせることまでしている。

維新後の大作は新政府に取り立てられて、同年六月に三河県参事となるが、藩主のたっての希望で呼び戻され、十月には丸亀県参事となる。脱藩してまで勤王思想を貫いて藩に尽くした彼が、ようやく報われる時代となったのである。

ところが、版籍奉還が行なわれて家禄をなくした旧丸亀藩士たちは、士族という名誉は残っても職はなく、生活の苦しさから、下級藩士だったのに出世していく大作を妬《ねた》み、一八七一（明治四）年、大作の屋敷を襲う。

この騒動のため大作は転勤させられ、移転先の関東の気風になじめないまま、赴任後わずか三か月あまりで切腹する。県政への憂《うれ》いからとも、ノイローゼになったからともいわれているが、自殺の動機についてはいまも定かではない。

◆土佐藩◆

飲酒して臨んだ会議で藩主が大失言 泣く泣く戊辰戦争に参加する

明治維新の主役はよく「薩長土肥（薩摩・長州・土佐・肥前《ひぜん》）」といわれるが、実はこのうち土佐藩の前藩主で藩の実権を握っていた山内容堂《やまのうちようどう》は、討幕には賛成していなかった。十五代将軍・徳川慶喜《よしのぶ》に大政奉還を建白して実現しているが、それには討幕の口実をなくすという目的もあったのだ。容堂は、徳川家も含めた有力大名による議会をつくるという構想を立て、岩倉具視《ともみ》や薩長の討幕派と対立していたのである。

一八六七（慶応三）年十二月九日夜、朝廷内の小御所《こごしょ》で開かれた「小御所会議」でも、ほとんど山内容堂と岩倉具視の対決となった。この会議では、慶喜側を刺激して開戦の口火を切らせようともくろむ討幕派が、慶喜に官位と領地を差し出させる「辞官《じかん》・納地《のうち》」を命じるため、土佐藩や福井藩に同意させようとして開いたのだが、容堂は逆に、慶喜が会議から閉め出されている点などを指摘して、岩倉らを鋭く批判したのである。

容堂は王政復古のクーデターを薩長による陰謀だと決めつけ、岩倉らは反論できずにたじたじとなった。そのままでは会議は容堂が有利となり、徳川家の辞官・納地は実現しそうになかった。

だが、そこで容堂は取り返しのつかない失言をしてしまう。明治天皇の前にもかかわらず、岩倉らのことを「幼冲《ようちゅう》の天子を擁《よう》して権力を私しようとするもの……」と口走ってしまったのだ。

そのとき明治天皇はまだ十六歳で、傀儡《かいらい》だったのは事実だが、本人の前でそれを口にしてはまずい。岩倉に「幼冲の天子とは無礼」といわれると、容堂は反論できず、この会議で徳川家の辞官・納地と追討が決定したのである。

実は容堂は若い頃から酒好きで、酔ったうえでの失言や放言が多い。この会議でも事前に酒をかなり飲んでいたというから、酔っていなかったらこんな失言はしなかったかもしれない。

慶喜追討の勅《ちょく》が発されてしまうと、容堂もやむなくそれに従うことを誓った。鳥羽・伏見の戦いでは、彼は土佐藩士たちに自重するよう命じたが、板垣退助らは命令に背いて戦いに参加し、結局、土佐藩は藩をあげて新政府軍側として戦うことになったのである。

おかげで土佐藩は賞典禄四万石を得たが、容堂はあまり喜ばなかったという。

本当の勝ち組は誰？最後まで生き残った大名

◆福井藩◆

福井藩主だった松平春嶽《しゅんがく》は、御三卿《ごさんきょう》の一つ田安《たやす》家から養子となった人物である。大老・井伊直弼《いいなおすけ》が、勅許を受けないまま日米修好通商条約に調印したことを批判したり、将軍継嗣《けいし》問題で対立したことから、一八五八（安政五）年に「隠居慎み」を命じられ、藩主の座を譲っている。

ただ、井伊大老の死後、ずっと支持し続けていた一橋慶喜《よしのぶ》（のちの徳川慶喜）が十四代将軍・徳川家茂《いえもち》の後見職に就くと、政事総裁職を与えられて政治の表舞台に復活する。そして、ようやく慶喜が十五代将軍になると、持論であった公武合体を唱えて尊攘派と対立するようになった。

公武合体思想の裏に徳川家重視があると、一時は朝敵《ちょうてき》と見なされたこともあったが、誠実な人柄と真摯《しんし》な態度からその存在は尊王、佐幕どちらの派からも信頼された。そして、徳川家と公家、諸藩代表による上下両院制を提案するなど、最後まで公議政体の自案で穏やかな改革を主張し続けた。大政奉還後の一八六八（慶応四）年二月には、薩摩を中心に立てられた暫定新政府の閣僚ともいえる議定《ぎじょう》に任じられたほどだ。

そして、その役職を利して、徳川家や旧幕臣、大名らの維新後の身の振り方について多くの意見を述べている。慶喜の後継者を立てて、旧幕臣の面倒を見られるだけの禄高を与えるといった、徳川家温存が彼の主張の最たるものだった。

しかし、大政奉還したにもかかわらず討幕軍を出したりする新政府の方針は、春嶽の希望とは遠く、徳川家はわずか七十万石にとどまったし、徳川親藩、譜代大名、旗本らを疎外した新政府の人事には偏《かたよ》りが見られた。さらには、京都守護職を務めて朝廷を警護した会津藩主・松平容保《かたもり》を朝敵に仕立て上げたことなどに義憤を感じ、議定辞職を申し出る。

それでも、公家・武家双方から慰留され、一八六九（明治二）年の新しい政治体制のなかでは、公家のほかは薩摩、長州、土佐、肥前という維新に功のあった藩出身者ばかりの政府中枢にあって、民部卿に任じられている。大名出身は彼一人であり、異例の処遇であった。

また、春嶽が藩主時代に福井藩の財政研究にあたらせた由利公正《きみまさ》が、のちに太《だ》政《じょう》官札《かんさつ》の発行を建議していたり、熊本藩から招かれて開国・通商、殖産興業を唱えて藩政改革にあたった横井小楠《しょうなん》が明治新政府に出仕するなど、藩出身者が新時代の建設に活躍しているのも、彼の透徹した社会を見る目があったからともいえよう。

一時は朝敵の汚名を着せられた春嶽が、失脚することなく新政府に徴用されたのも、こうした人材の登用と藩政改革に成功していたという実績があってのことだろう。

戦いはまだ終わっていない！ 維新後も続いた一藩士の挑戦

◆米沢藩◆

米沢《よねざわ》藩には、明治維新後も政府転覆をはかって、ひそかに活動を続けた藩士がいた。幼名を猪吉、権立などといったのちの雲井龍雄《くもいたつお》である。

雲井は、一八四四（弘化元）年、六石三人扶持《ぶち》であった米沢藩士の次男に生まれた。八歳の頃から私塾に通い、十四歳で藩校に入学してその才能を発揮する。十八歳で他家の養子となって跡を継ぐと、藩の役職に就き、江戸出仕や家老の京都の情勢視察の随行員を任じられたりする。そして、運命のときをこの京都で迎えるのである。

京都に着いたのは一八六七（慶応三）年二月で、多くの人との交友のなかから天下を見定め、「天下形勢の沿革書」をまとめる。

京都にいて歴史が大きく動いていくのを目の当たりにした彼は、薩長批判の立場から新政府に意見書を提出したりもするが、時代の流れは変わらない。雲井が京をあとにして江戸に着いたとき、江戸城開城も上野戦争も終わっていた。

それでも雲井は、「討薩檄《げき》」を著して東北諸藩の士気を高めたのである。

しかし、奥羽越列藩同盟を中心とした東北諸藩は戦いに敗れ、藩士たちもそれぞれの新時代を迎えることになる。ほとんどが新政府に恭順の意を表して苦境を甘んじて受け入れるなか、藩政時代の能力を評価されたり、人脈を頼って新政府に出仕がかなう者も出現している。

江戸出仕の折に通った塾の人脈、あるいは京都時代の交友をもってすれば、雲井ほどの人材なら、新政府での活躍も望めなくはなかった。しかし、彼は最後まで反薩長で、新政府に抵抗し続ける。米沢にとどまることができずに上京して集議院議員寄宿生となったが、多くの議員と対立して退院し、ますます藩閥政治打倒の意志を固くするのだった。

藩士時代の名前を捨て、雲井龍雄を名乗るようになるのは、この頃からである。名前も新たに新時代を向き合うために、戊辰《ぼしん》戦争で主家を失った、あるいは脱藩した、旧幕臣だったという浪士を集め、救済のために国の常備軍へ加えるよう働きかけたりもするのだが、真の狙いは配布される兵器を使っての武装蜂起による政府転覆だった。

こんな彼に、新政府はずっと疑惑の目を向け続ける。薩長批判を懲《こ》りずに続けていたのだから当然のことだ。多くの旧会津藩士が、彼の下に集《つど》っていたことも、ますます疑惑を深めた。

常備軍参加は一顧《いっこ》だにされず、いよいよ不平士族を結集しての蜂起を雲井が決意した一八七〇（明治三）年三月、ついに新政府は雲井逮捕を米沢藩に命じる。そして八月、朝憲紊《びん》乱《らん》罪により小塚原で梟首《きょうしゅ》された。

小藩ながら軍備が充実していたのはあの有名家老が残した遺産

◆田原藩◆

幕末の蘭学者で画家、蛮社《ばんしゃ》の獄《ごく》で処分された渡辺崋山《かざん》の名は知っていても、彼が三河田原藩の家老職を務めていたことは語られることが少ない。

崋山が処刑されたのが一八三九（天保《てんぽう》十）年。処分の理由は「無人島へ密航して海外との交流を持とうとしている」というものだった。

この罪状は目付の鳥居耀蔵《とりいようぞう》によるでっちあげにすぎなかったが、蘭学を学び、シーボルトの鳴滝《なるたき》塾出身で、ともに処分された高野長英《ちょうえい》らと交流を持った崋山は、国の近い将来を見通していたのは間違いない。

渡辺崋山は、田原藩士の子として江戸に生まれ、家督を継ぐと四十歳で「年寄役」という、いわば家老職に就く。末席ながら海防事情掛というものだったから、彼が海外に目を向けるようになったのも当然のことだった。

また、人材育成のための教育を充実させたり、飢饉に備えた「報民倉《ほうみんぐら》」という穀物貯蔵庫の建造で天保の大飢饉を乗り切るのに成功するなど、彼の政治手腕による功績は大きい。

蛮社の獄での崋山の処分は国元へ返されての蟄居《ちっきょ》で、画家として名を高めるのはこの頃からである。生活費のために売った絵が評判を高めていくにつれ、周囲からの圧力が高まる。妬《ねた》みも含んだものではあったが、在職中の綱紀刷新や能力主義の禄高制導入など、厳しい崋山の政策に反感を抱いていた者が「幕府の手前、目立ちすぎは藩主を困らせる」などと批判し、崋山は身動きがとれなくなる。門弟たちによる崋山救出と援助の動きは実際にあり、そのことを幕府に知られるのを恐れた彼が自刃《じじん》するのは四十九歳のときだった。

しかし、在職中に彼のとった政策の方針は、施した人材教育とともに死後も田原藩に引き継がれている。代表はやはり軍備だ。海防事情掛として外国の攻撃を予想していたであろう崋山の遺志を受け、一万二千石という小藩ながら、田原藩は幕末の頃には三河一の軍備を備えていた。

崋山とともに、江戸屋敷で西洋兵学を学んだ人たちによって、早くから軍制改革が行なわれたおかげだ。開港によって洋式武器の輸入ができるようになったとき、洋式雷管銃の採用も、田原藩がどこよりも早かったし、イギリス式軍制も取り入れている。さらにまた、それを他藩へ指導したり留学生を受け入れたりしたのも、崋山を見習ってのものだったのである。

◆福山藩◆

相次ぐ藩主の死により棚上げにされた藩政改革

一八五三(嘉永六)年のペリー来航に対応し、翌年に日米和親条約を結んだ老中首座の阿部《あべ》正弘《まさひろ》は、備後《びんご》国(現・広島県)の福山藩十一万石の藩主だった。だが、彼が福山藩に滞在したのはわずか三か月にすぎない。正弘は、一八三六(天保《てんぽう》七)年に十八歳で藩主となった翌年にお国入りしたあと、三か月で江戸に出て、幕府で出世街道を歩みはじめ、ついに帰藩することが一度もなかったのだ。

短期間しか国元にいなかった正弘だが、江戸から指示を出して、軍技武術と漢学の試験による人材の登用、軍備の洋式化などの藩政改革に着手している。しかし、外交問題による心労からか、正弘がストレス性の消化器ガンと思われる病気で一八五七（安政四）年に病没し、後継の正教《まさのり》も、その跡を継いだ正方《まさかた》も早死にしたため、改革はあまり進まなかった。

しかも、地理的に長州に近かったのが福山藩の大きな災難となった。二度の長州征伐に出陣しなければならず、とくに第二次長州征伐（一八六六年）では、石州口《せきしゅう》（現・島根県）に出兵して、長州藩の攻撃で壊滅状態となって敗走した。

一八六八（慶応四）年一月に戊辰《ぼしん》戦争が勃発したとき、勤王側についた西隣の広島藩では、尾道《おのみち》に長州藩兵と広島藩兵が駐屯しており、援軍のために東に向かうこととなった。広島軍は福山藩との衝突を避けて海路を選んでくれたが、長州軍は陸路をとったので、最初にぶつかる佐幕派の藩は福山藩である。

しかし、このとき、もはや福山藩には交戦する余裕はなかった。二度の長州征伐で大打撃を受けたうえ、藩主・正方が前年十一月に死去したあと、後継者が決まらないまま喪を隠している状態だったので、戦争どころではなかったのだ。

福山藩は、敵対する意思はないと長州軍に表明し、講和の交渉を持とうとしたが、長州軍はそれを無視して一斉砲撃を加えたので、やむなく戦闘状態となった。それでも使節が砲火のなかを城外に出て交渉し、朝命に従うと誓ってようやく停戦できた。

しかし、今度は新政府側として戦うことを余儀なくされ、同年九月に箱館（現・函館市）に出兵している。箱館の榎本武揚《たけあき》の軍が降伏し、戊辰戦争が完全に終結したあとになって、福山藩はようやく棚上げになっていた藩政改革に着手できたのである。

薩長憎しの念に燃え最後まで抗戦した元藩主

◆平藩◆

一八六二（文久二《ぶんきゅう》）年、筆頭老中・安藤信正《のぶまさ》が、江戸城に向かう途中の坂下門で尊攘派の志士たちに襲撃されるという「坂下門外の変」が起こり、信正は負傷した。信正は、朝廷と幕府を合体させて政治的難局を乗り切ろうとする公武合体政策を推進し、孝明天皇の妹・和宮《かずのみや》を将軍・徳川家茂《いえもち》に降嫁させるのに成功したが、それが尊攘派の反感を買って襲撃されたのである。

この安藤信正は、磐城《いわき》国（現・福島県）の平《たいら》藩主でもあったが、坂下門外の変のあと、平藩は五万石から三万石に減封されてしまった。また、信正自身も老中を罷《ひ》免《めん》され、隠居永蟄居《えいちっきょ》を命じられた。被害者なのに政権を奪われた信正が尊攘派を深く恨んだことは想像に難《かた》くない。

やがて戊辰《ぼしん》戦争が勃発し、新政府軍が会津をめざすと、その道中に位置する平藩の本拠・平城は、抗戦か恭順かの二者択一を迫られた。このとき、藩主・信勇《のぶたけ》は美濃国（現・岐阜県）にある藩の飛び地領で病気療養しており、隠居の信正が藩主に代わって決断を下すことになった。

すでに戦いの趨勢《すうせい》は新政府軍側の勝利に向かっており、しかも平藩は、抗戦を選ぶとすれば、位置的に見て、一藩だけで新政府軍の大軍と戦わなければならない。抗戦を選ぶのは無謀といえた。

だが、信正は、薩長憎しの念に燃え上がり、軍事掛・真木光らの反対を押し切って、奥羽越列藩同盟への参加を宣言すると、抗戦の道を選んだのである。

一八六八（慶応四）年七月一日からはじまった新政府軍の攻撃に対して、信正は、わずか三百あまりの藩兵を率いて戦い、十三日の夕方まで持ちこたえた。そんな少人数の兵で十三日間も戦い続けたのは、たいした執念といえそうだ。

だが、ついに家老・上坂助太夫が信正を城外に立ち退かせ、城に火を放ち、平城は陥落したのである。

福沢諭吉の盛名に隠れた郷土の英雄のその後

◆中津藩◆

豊前《ぶぜん》国（現・大分県）の中津藩は、『学問のすゝめ』や慶応義塾を創設した福沢諭吉を輩出したことで知られている。ただし、もう一人、名前はあまり知られていないが、郷土の英雄とされているのが、福沢諭吉とは親戚にあたる増田宋太郎《ますだそうたろう》という人物である。

宋太郎は中津藩の下級武士で、国学を学び、幕末には藩内の尊王攘夷《じょうい》党の指導者として活動し、時代が明治に移ってもなお、国を軟弱化させるものとして洋学を憎んでいた。諭吉とは親戚のうえに家が近所なので付き合いも多かったが、早くから西洋の学問を学んでいた諭吉とは価値観が対照的だった。

彼は、諭吉の洋学を許せないと感じ、諭吉の暗殺をもくろんだこともあった。数か月間、諭吉をつけ狙ったが、実行に移そうとするたびに邪魔が入って果たせない。そのうち、殺す前に議論でやり込めようと福沢邸に乗り込んだが、議論しているうちに、逆に説得された。西洋の長所を学びとらなければ、西洋に対抗して国の独立を保つこともできないと気がついたのである。

新しい価値観に開眼した宋太郎は、慶応義塾で学びはじめたが、なじめなかったようで、半年もしないうちに中津藩に帰ってしまう。

帰郷した宋太郎は、一八七一（明治四）年末、藩知事に建白書を提出して学校を設立した。

まもなく、彼は、他県を隔絶して封建的独立国の様相を呈している薩摩を討たなければ、国を統一できないと考えるようになり、西郷隆盛の高弟に直言したが、今度も逆に説得されてしまう。

わずか26歳で戦死した増田宋太郎（福沢諭吉記念館提供）

その後、自分の道を模索した宋太郎は民権運動に開眼し、慶応義塾に再入学して勉強したのち、帰郷して中学校で英学を教える一方、「田舎新聞」を創刊する。
新聞を創刊してから数か月後、一八七七（明治十）年に西南戦争がはじまると、彼は中津の青年たちを率いて西郷軍に加わり、救応隊総軍監として戦い、西郷らとともに城山で戦死した。

全国的に見れば知名度の低い人物だが、中津では郷土の英雄とされ、福沢諭吉記念館のすぐそばには、彼の碑が建てられている。

多くの死者が出た原因⁉ 大事な決断をクジ引きで決めた家老

◆桑名藩◆

桑名《くわな》藩主・松平定敬《さだあき》は、鳥羽・伏見の戦いがはじまったとき、京都所司代《しょしだい》として京にあり、その藩兵は戊辰《ぼしん》戦争の端緒を幕軍とともに担うことになった。定敬は将軍・徳川慶喜《よしのぶ》とともに大坂城に入り、そこから船で江戸へ向かうという行動をともにしている。

一方、領地の桑名城に、この戦いが幕府方の敗戦に終わったこと、討幕のための東征軍が出されたことが伝わると、藩の意見は東へ下って官軍を迎え討つか、桑名城で決戦するか、無血開城して官軍に帰順するかで分かれ、大激論となるが、なかなか結論が出なかった。

困り果てた家老・酒井孫八郎は、クジ引きで結論を出すことを提案、厳《おごそ》かに藩祖の神前でクジ引きを行なった結果、東下抗戦と決まる。

それなのに、もし抗戦すれば朝敵《ちょうてき》になってしまうという意見が出て、さらに討論が蒸し返されてしまう。一晩をかけての評定《ひょうじょう》の結果、翌朝になってようやく「無血開城・恭順謹慎」と決定した。

しかし、どこにも血気さかんな若者はいるもので、徹底抗戦を主張する藩士は多く、彼らは脱藩して江戸へ向かった。江戸には、大坂から逃れてきた藩主・定敬がいたからだ。

定敬は慶喜とともに江戸へ戻ってからも、慶喜に軍勢を立て直しての再起を促したほどの強硬派だった。進言が聞き入れられないとわかると、桑名藩江戸屋敷に次々に集結してくる抗戦派の藩士と、江戸の恭順派との間でふたたび激論が闘わされる。

ここで定敬が、あくまで薩長を倒さなければならないと決意表明したため、桑名藩抗戦派は、上野の彰義隊に身を投じたり、飛び地の藩領である越後柏崎へ向かう。会津とも近い柏崎なら連携しての戦いが可能と考えてのことだった。

横浜から船で、定敬ら津軽海峡経由で柏崎へ着いた者、陸路を転戦しながら柏崎へ着いた者と合わせて、ふたたび開かれた評定でも恭順派の意見が優勢だったが、藩主と陸路で柏崎に着いた藩士たちの抗戦の士気は変わらず、恭順派の家老を暗殺してまで戦いへ突っ走っていった。

領地の桑名城では、こうした動きとは別に無事に無血開城が行なわれていたというのに、藩主を中心にまとまった抗戦派は会津決戦を経て、ついに箱館戦争までを戦い抜く。この戊辰戦争での死者は、桑名藩では百九人に達した。

定敬は、翌年の一月、箱館まで説得に訪れた酒井孫八郎の願いを聞き入れて帰国、五月に降伏した。無事だった桑名城は、その三か月後、前藩主の遺子・定教《さだのり》によって再興を許されている。

幕末維新期の陰の立役者!? 高須四兄弟の正体

◆高須藩◆

高須《たかす》藩という藩名を聞いても、どこにあったどういう藩か、ピンと来ない人も多いかもしれない。

高須藩は尾張藩の支藩で、尾張徳川家二代藩主・徳川光友《みつとも》の次男の義行を藩祖とし、美濃国（現・岐阜県）に三万石を領していた。御三家の支藩とはいえ、高須藩自体は小藩にすぎない。

だが、この小藩の藩主の子供たちが、幕末の歴史を大きく動かしたのだ。佐幕側の急先鋒として新政府軍と激しく戦った会津藩主・松平容保《かたもり》と桑名藩主・松平定敬《さだあき》、最終的に新政府軍についた尾張藩主・徳川慶勝《よしかつ》は、いずれも高須藩第十代藩主・松平義建《よしたつ》の息子たちなのである。

義建には十一男八女もの子供が生まれ、そのうち五男八女は早世したが、成人した六人の息子たちはみな優秀で、高須藩主とならなかった子供たちも、望まれて他藩へ養子に行き、六人全員が大名になった。次男以下は継ぐべき家がないのが当たり前の時代に、六人もの息子たちがそろって大名になれたのだから、彼らがいかに評判がよかったかわかろうというものだ。

六人の兄弟のなかでも、とくに前記の三人に、一橋家当主を務めたのちに高須藩主となった一橋茂栄《もちはる》を加えた四人は、幕末維新史に残る活躍をしたというので、「高須四兄弟」と呼ばれている。

高須四兄弟。向かって左から松平定敬、松平容保、一橋茂栄、徳川慶勝（海津町歴史民俗資料館蔵）

そろって大名になれた高須家の兄弟たちだが、その代償として、戊辰《ぼしん》戦争では、それぞれが継いだ藩の立場を背負って、徳川慶勝は新政府側、松平容保と松平定敬は佐幕側と、敵味方に分かれてしまった。

それでも戦いが終わったあとはふた

たび交流があったようで、一八七八（明治十一）年に四人で撮った写真が、高須四兄弟の写真として残されている。

江戸諸藩なるほど裏話 ※ 中国 四国

◆岩国藩◆
三代にわたり流れない橋づくりへの挑戦

山口県岩国市には、錦川に架かる日本唯一の木造アーチ橋・錦帯橋《きんたいきょう》が名所となっているが、この有名な錦帯橋をつくったのが岩国藩である。

岩国藩では、政治の中心地の横山と多くの家臣が住む錦見《にしみ》を結ぶため、藩祖・吉川《きっかわ》広家《ひろいえ》が錦川に何度か簡単な橋を架けたが、台風や梅雨で増水するとすぐに流されてしまった。

そこで、二代藩主・広正のとき、大規模な木橋が建設されたが、それも二年足らずで流された。錦川の川底は砂利の層が厚く堆積しているので、激流になると、橋脚がすぐにえぐられて流されてしまうのである。

三代藩主・広嘉《ひろよし》は、流されない橋の建設に情熱を燃やし、橋脚のないアーチ橋なら錦川でも流されないと考えた。木造のアーチ橋の技術は十三世紀までに中国からすでに伝わってきていたのだが、その方法で橋を架けるには、幅が二百メートルもある錦川は広すぎた。

そんな折、彼は、中国の禅僧・独立《どくりゅう》と出会い、中国の西湖に架かる橋の絵を見て狂喜した。それは、湖に浮かぶ数個の小さな橋に架けられたアーチ型石橋の絵だった。

この絵や長崎の眼鏡橋をヒントに、錦川に人工の小島をいくつかつくり、その島伝《づた》いにアーチ橋を架けるというアイデアが浮かび、一六七三（延宝元）年、錦帯橋が完成したのである。

◆大洲藩◆

庶民の寄付で建てられた伊予で最初の藩校

伊予《いよ》国（現・愛媛県）はかつて八つの藩に分かれ、伊予八藩と呼ばれていたが、そのなかで最も早く藩校を建てたのは、六万石の大洲《おおず》藩である。

それほど豊かでなかった小藩の大洲藩で早い時期に藩校が設立されたのは、一七二七（享保十二）年に五代藩主となった加藤泰温《やすあつ》と、陽明学者・川田雄琴《ゆうきん》の尽力によるる。

泰温は、江戸で陽明学者の三輪執斎《みわしっさい》に学び、陽明学を家臣たちにも学ばせたいと考えるようになった。そこで執斎を大洲に招こうとしたが、執斎は高齢と病気のため、自分の後継者とした弟子の川田雄琴に、大洲藩の藩校設立を託したのである。

大洲に着任した雄琴は、藩主の泰温や藩士たちに陽明学の講義をしただけでなく、藩内の町や村を回り、農民や商人、女性たちにも講義をした。彼の講義はわかりやすかったので人気が高く、毎回百人、二百人が入れ替わりながら講義を受け、一巡りした人数が二、三万人におよんだこともあったという。

これほど幅広く大勢の人々を対象にした藩内教育は珍しいのではないだろうか。

その間にも泰温は、節約して藩校設立の費用を貯めた。雄琴に学んだ庶民からも寄付が寄せられ、一七四四（延享元）年、ついに藩校の建設がはじまった。その途中、泰温は病気で急死したが、次の藩主・泰衔《やすみち》も学問に理解があったので工事は続行され、一七四七（延享四）年、藩校の「止善書院《しぜんしょいん》」と、日本の陽明学の祖で大洲と縁の深い中江藤樹《なかえとうじゅ》を祀る「明倫堂《めいりんどう》」が完成したのである。

◆徳島藩◆

阿波踊りの熱狂的ファンは江戸時代にもいた！

徳島名物の阿波踊りは、藩政時代にもさかんだった。

阿波踊りのはじまりには諸説ある。一説によると、一五八六（天正十四）年、蜂須賀家政《はちすかいえまさ》が渭山城《いのやま》（のちの徳島城）の落成祝いに城下の商人たちを城に招いたとき、商人たちが即興で踊ったのにはじまるといわれているが、真偽は定かでない。

ともあれ、江戸時代初期に阿波踊りは民衆の間に広まり、徳島藩では、煽動する者がいれば暴動に発展する恐れがあるというので、これを厳重に警戒した。

とくに政情不穏な状態が続いた十七世紀中頃からは、武士が群衆の踊りに加わるのを禁じるなど、阿波踊りを毎年のように規制した。

だが、藩の家臣たちにも阿波踊り好きはたくさんいた。家臣たちが変装などをして踊る群衆のなかにまぎれ込み、阿波踊りを楽しむのは珍しくなかったという。

そのなかには、「中老」という藩の要職にいた人物もいた。十九世紀の中老・蜂須賀一角直孝《いつかくなおたか》である。

彼は、ある年の七月、国禁を破って屋敷を抜け出し、阿波踊りの群衆に加わったが、顔をよく知られていたためすぐにとがめられ、連れ戻されて座敷牢に入れられた。それでも懲《こ》りず、翌年、その座敷牢を抜け出して、ふたたび群衆に交じって踊ったのである。よほど阿波踊りが好きだったのだろう。

二度も国禁を破った直孝に対し、藩主・蜂須賀斉昌《なりまさ》は追放のうえ、改易処分を申し渡したという。

◆六章◆

たった一つの行動が行く末を決める！
生き残りを賭けた世渡り作戦

世渡り上手は得をする開明藩主のちゃっかり処世術

◆宇和島藩◆

幕末から維新にかけて、生き残るために時勢に乗ろうと、多くの藩が四苦八苦した。そんななかで、十万石の小藩ながら、実にうまく時代を泳ぎきったのが、伊予《いよ》国（現・愛媛県）の宇和島《うわじま》藩である。

幕末の宇和島藩主・伊達宗城《むねなり》は、一八一八（文政元）年に旗本の次男として生まれ、十一年後に宇和島藩主・伊達宗紀《むねただ》の養子となり、一八四四（弘化元）年に二六歳で藩主となった。

宗城は、オランダ式の兵式訓練を行なうなど、藩の軍備を近代化し、経済力と軍事力を背景に、幕府に対して強い発言力を持つようになっていき、十三代将軍・徳川家定の後継者問題では、薩摩藩主・島津斉彬《なりあきら》らとともに一橋慶喜《よしのぶ》（のちの徳川慶喜）を推した。

つまり、宗城は慶喜と親しかったのだが、島津久光《ひさみつ》らの公武合体運動がさかんになると上京してそれに参画しようとし、慶喜らによって幕府側が勢力を増すと幕権回復派に転じ、さらに最終的には王政復古派にくみした。力関係が変わるたびに、勢力を持っている側に巧みにすり寄ったのである。

この世渡りのうまさによって、宗城は幕末維新の難しい政局をうまく泳ぎきり、明治新政府では、外国事務総督などの要職を歴任した。薩長土肥（薩摩・長州・土佐・肥前《ひぜん》）の藩閥政治の明治新政府で、藩主とはいえ小藩出身で要職に就いたのだから、かなり要領がよかったといえるだろう。

また、爵位も侯爵の位を得ている。一般的に元大名の爵位は三十万石以上が侯爵とされていたのだから、破格の扱いだ。

明治に入ってからの宗城は、大実業家・渋沢栄一との関係も興味深い。一八六九（明治二）年、大蔵卿兼民部卿となった宗城は、まだ無名の渋沢栄一を登用した。そのおかげで、渋沢の成功後、多くの宇和島藩士が彼の事業で重用された。

さらに渋沢は、伊達家の財産管理に尽力した。彼により、多くの元大名家が家宝の多くを失っていったなか、わずか十万石の宇和島伊達家は多数の所蔵品を散逸させず、今日まで伝えているのである。

薩摩藩出身の藩主は佐幕派!?ふたまたが功を奏した藩

◆八戸藩◆

戊辰《ぼしん》戦争で佐幕派として奥羽越列藩同盟に加盟した諸藩のなかで、極めて微妙な立場に立たされたのが、陸奥《むつ》国の八戸《はちのへ》藩（現・青森県八戸市）である。

八戸藩の藩祖・南部直房《なんぶなおふさ》は、盛岡藩二代藩主・南部重直《しげなお》の弟にあたる。重直が後継者を決めずに死去したあと、幕府は遺領十万石を分割し、盛岡藩八万石を弟の重《しげ》信《のぶ》に、新しくつくった八戸藩をその弟・直房に継がせたのである。

つまり、八戸藩南部家は盛岡藩南部家の分家筋にあたる。その盛岡藩は、奥羽越列藩同盟のなかで最後まで戦っていた藩である。

周囲の諸藩のほとんどは佐幕派で、宗家も佐幕派という立場でありながら、八戸藩の藩主・南部信順《のぶゆき》は、元薩摩藩主・島津重豪《しげひで》の五男で、薩摩藩から入った婿養子だったため、徹底した佐幕派ではなかった。

信順は有能な藩主で、前藩主が着手していた藩政改革を完成させ、藩財政を再建し、外国船の来航を警戒して海岸警備を行なった。

戊辰戦争が勃発して、新政府軍に慶喜《よしのぶ》追討のための江戸出兵を命じられると、実家の影響を受けた信順は、消極的ながら百六十余人の藩兵と大砲二門を派遣した。しかし、奥羽越列藩同盟が成立すると、盛岡藩との付き合いからか、こちらも消極的に参加した。

信順は佐幕的行動をできるだけ避けようとしたが、結果的には、盛岡藩に付き合って最後まで戦った。盛岡藩降伏の前日の一八六八（明治元）年九月には、野辺地《のへじ》（現・青森県野辺地町）で盛岡・八戸藩兵が新政府側の弘前《ひろさき》藩に襲撃されて戦闘になっている。

奥羽25藩、穂区立６藩からなる奥羽越列藩同盟の旗（宮坂考古館蔵）

だが、戊辰戦争終結後、奥羽越列藩同盟諸藩が朝敵《ちょうてき》の汚名を着せられてなんらかの処罰を受けたのに対して、八戸藩は朝敵とされず、まったく処分を受けずにすんだ。藩主が薩摩藩の島津家の出身という関係から、同盟への参加が消極的で、新政府軍に協力したこともあったというのが認められたのである。

処分を免《まぬが》れた八戸藩は、藩主の引退

謹慎・白石《しろいし》への国替え・減封などをいい渡された盛岡藩の処分軽減のため、尽力している。

信順は、一八六九(明治二)年に版籍奉還が勅許されると、八戸藩知事に任命されるも、廃藩置県が実施された一八七一(明治四)年には退隠する。こうして一六六四(寛文四)年に創設されて以来、二百七年続いた八戸藩は消滅し、八戸県を経て、同年、青森県に編入される。

◆淀藩◆ 遠くの藩主よりも目前の敵! 勝敗を左右した要所での裏切り

山城国《やましろのくに》(現・京都府)などに十万二千石の領地を持つ淀藩《よど》は、譜代大名のうえ、戊辰《ぼしん》戦争が起こったとき、藩主・稲葉美濃守正邦《みののかみまさくに》が幕府の老中兼国内事務総裁職として江戸で留守を守っていた。徳川慶喜《よしのぶ》不在の江戸城での最高責任者である。

当然、幕府軍は、淀藩は味方だと信じて疑わなかったので、淀城を重要拠点と考えていた。実際、開戦前夜の一八六八(慶応四)年一月二日の夜、幕府軍は淀城下に宿泊しているし、四日には淀に退却している。

だが、藩主不在の淀藩では、藩論が幕府側につくか新政府側につくかで分かれ、戦局の動向などを考えて、どちらにもつかない中立の立場をとっていた。

そこへ一月四日、京都留守居役の藩士・岡鉚之助が新政府軍の軍事参謀・烏丸《からすま》光徳《みつえ》からの書状や、新政府方についた尾張藩主からの書状を持って戻ると、藩論は新政府方に決したのである。

一月五日、淀藩は方向転換を態度であらわした。各所で敗走した幕府軍が淀城を拠点に反撃しようと退却してくると、淀城は幕府軍の入城を拒否したのだ。幕府軍にとっては信じがたい裏切り行為だった。

淀藩のこの転換は、幕府軍を動揺させ、しかもどちらにつくか決めかねていた諸藩にも影響をおよぼした。

しかもその翌日、長州藩が大砲を借りたいといってくると、淀藩は大小の野戦砲六門を貸し与えている。藩主が江戸城にいるというのに、淀藩ははっきり新政府側についたのである。

藩主の稲葉正邦は、藩のこの裏切りを気に病んでいた。国内事務総裁を罷免《ひめん》されされ、老中も辞任して、二月二十一日に江戸城を去るとき、徳川慶喜から朝廷への嘆願書を預かるという依頼を快く引き受けた。新政府軍は朝廷への直接の嘆願を認めまいとしていたので、かなり危険な任務である。

だが、この嘆願書のために正邦は足止めされ、やむなく焼き捨てたことにして帰藩した。

淀藩は、新政府側についたものの、藩内が戦場となったため、家臣たちの屋敷や長屋が焼けるなど、被害は大きかった。また、藩は早くから帰順したとはいえ、藩主は老中だったので謹慎を命じられるが、一八六九（明治二）年六月、正邦は淀藩知事に任命されている。

出世コースに乗ったおかげであわや廃藩の危機に

◆大多喜藩◆

一八六八（慶応四）年一月の鳥羽・伏見の戦いで幕府軍総督を務めたのは、上総《かずさ》国（現・千葉県）の大多喜《おおたき》藩主で老中格でもあった大河内正質《おおこうちまさただ》である。

大河内家は、三河国大河内郷から出て、徳川家康に仕えて長沢松平家を継いだ家系の譜代大名で、正質は婿養子《し》である。

正質は藩内に善政を布き、幕府でも奏者番《そうじゃばん》から順調に出世した。一八六五（慶応元）年春には藩士を従えて大坂を警備し、十四代将軍・徳川家茂《いえもち》の大坂城入りの供をし、翌年には旗本遊撃隊の指揮をとって京都詰めとなり、同年夏には若年寄《わかどしより》、一八六七（慶応三）年十二月には老中格に昇進した。

この順調な出世のため、正質は二十四歳の若さで幕府軍総督を任じられ、作戦立案などで重要な役割も果たしていたのだが、これが彼自身と藩に思わぬ危機を招くことになる。

鳥羽・伏見の戦いは幕府軍の敗北に終わり、正質は、慶喜《よしのぶ》が江戸に脱出したあと、大坂城の残務処理を行なってから江戸に戻ったが、老中格を免じられて帰藩した。

正質は、菩提寺の円照寺で謹慎し、東海道先鋒兼鎮撫府《ちんぶふ》が進駐してくると、藩は抵抗せずに武具類や絵図などを渡したが、鳥羽・伏見の戦いの幕府軍総督ともなれば、責任を問われずにはすまない。「慶喜の謀反《むほん》を助けた」という罪状で、正質は下総国《しもうさ》（現・千葉県）の佐倉藩預けとなり、駕籠《かご》で佐倉に運ばれて幽閉された。

大多喜藩の重臣たちは、「藩主は若くて幕政に連なったのは二十日ほどにすぎない」と新政府に謝罪する一方、正質を隠居させ、先代藩主の甥に大河内家を相続させる嘆願書を提出した。養子の藩主を見捨てて、分家から新しい藩主を迎え、なんとか家名を維持しようとしたのだ。

一方、大多喜藩の領民たちも、各村の代表が佐倉を訪れ、藩主の赦免《しやめん》を嘆願した。お家大事の重臣たちに対し、領民たちは、善政を行なっていた正質自身を助けたかったようである。

そのためか、幕府軍総督といっても若くて名目だけの司令官と軽視したのか、新政府の総督府は正質に悪感情を持たなかったようで、一八六八（慶応四）年八月、隠居扱いにもせずに正質を許した。

その後、正質は松平姓を捨てて大河内の本姓に戻し、翌年六月には大多喜藩知事となり、水道建設や藩校の整備、城を取りこわして開墾地にするなど、藩政に専念している。

◆宇都宮藩◆ ことごとく藩論が裏目に出た末旧幕府軍に城を落とされる

交通の要衝で戦略上の要地に位置する藩は、有利な位置に陣取っているように見えるが、逆に周囲から狙われやすく、とばっちりを受けやすいため、かえって苦労する。その見本ともいえるのが、下野国《しもつけ》（現・栃木県）の宇都宮藩である。

宇都宮はもともと北関東の要地だったが、幕末には、周囲に多数の小藩がひしめき、しかも徳川幕府の聖地・日光東照宮への途上にあって注目されやすいという、難しい場所にあった。そこで生き延びるには日和見《ひよりみ》主義しかない。

そんな宇都宮藩に、一八六四（元治《げんじ》元）年、最初の試練がふりかかる。尊王攘夷《じょうい》を掲げて挙兵した水戸の天狗党《てんぐとう》が宇都宮に立ち寄り、協力を求めたのだ。家老・県《あがた》勇記は、あいまいな態度で援助をやんわりと断り、天狗党をそのまま退去させた。天狗党とも幕府とも敵対せずにうまく乗り越えたように思えたが、この対応が裏目に出た。藩の不誠実な態度に腹を立てた藩士の何人かが脱藩して天狗党に加わったため、のちに捕まった天狗党のなかに宇都宮藩士がおり、幕府に疑念を持たれたのだ。

幕府は、藩主・戸田忠恕《ただゆき》に、領地高の一部没収や隠居・謹慎、さらには陸奥《むつ》棚倉《たなくら》藩への転封《てんぽう》を命じた。この転封は、嘆願活動や朝廷工作などでなんとか差し止めたが、その代償に莫大な費用が必要となり、藩財政は逼迫《ひっぱく》した。

一八六八（慶応四）年の戊辰《ぼしん》戦争では、藩論を勤王で統一したが、ふたたびこれが裏目に出た。大鳥圭介《けいすけ》や土方歳三《ひじかたとしぞう》らが率いる幕府軍が宇都宮をめざしたのである。

しかも、藩財政の悪化で不満がたまっていたのか、民衆が戊辰戦争の北上に呼応して「世直し」と呼ばれる一揆を起こした。宇都宮藩に限らず、世直し一揆は下野国各地で勃発している。

この危機に際して、忠恕の跡を継いだ藩主・忠友は徳川慶喜《よしのぶ》を救うため、京都に向かっていた。藩論を勤王としながら、慶喜のためにも働くという二面性をまだ持っていたのだ。

家老・県勇記は江戸の新政府軍総督府に援軍を要請したが間に合わず、新政府軍は宇都宮城に攻め入った。城にわずか七百人の兵しかいないのに、旧幕府軍二千人が実戦経験を生かして奇襲攻撃をかけ、城を占拠した。宇都宮は、東国における戊辰戦争の発火点となってしまったのだ。

結局、やって来た官軍により奪還するも、わずか一日の戦いで宇都宮城は大半を焼失し、藩主代行をしていた前藩主・忠恕は逃亡するしかなかったのである。

◆仙台藩◆　北進してくる官軍を苦しめた「からす組」リーダーの数奇な人生

仙台藩は、幕末の諸藩のなかでは、いつまでも旗幟《きし》を鮮明にしない藩の代表であった。よくいえば中立の立場を守ったということになるのだろうが、日和見《ひよりみ》主義であり、藩内の意見も尊王と佐幕の勢力争いで統一がとれていなかった。

長州出兵には反対し、幕府からの呼び出しにも藩主・伊達慶邦《よしくに》は名代《みょうだい》を送ってお茶を濁し、その陰で、藩の軍備拡張だけは怠りなかったというから、織田信長の再三の呼び出しにも応じなかったという初代政宗以来の伝統なのだろうか。

ところがこの日和見が、仙台藩を逆境に追い込むことになる。一八六七（慶応三）年、大政奉還が行なわれたあと、朝廷は諸藩の大名に上洛を命じるのだが、慶邦はこれにも名代を送るにとどめ、自らは腰を上げなかったのである。この行動により仙台藩に佐幕派というレッテルを貼られ、戊辰《ぼしん》戦争の最後の砦となった東北諸藩の一つに数えられることになった。

この戊辰戦争で、北進してくる官軍を最も苦しめたのが「からす組」と呼ばれる組織だ。藩士・細谷十太夫《じゆうだゆう》が、藩士の士気のなさを嘆き、博徒や農民を集めて民兵を組織したのである。一八六八（慶応四）年四月の結成当初は五十七人だったものが、各地で戦うにつれ人数を増し、やがては百人を超える勢力となる。

正式名称は「衝撃隊」といい、黒の筒袖・小袴といったゲリラ戦、夜襲向きのスタイルだったところから「からす組」と呼ばれるようになった。

ただ、いくら各地の小競《こぜ》り合いに勝利したところで、戦況に大きな影響を与えることはできず、仙台藩が官軍に下る日がやってくる。

この知らせを聞くと、細谷はすぐに藩の立場を尊重し、抗戦派藩士や仙台湾に艦隊を率いて入港していた榎本武揚《たけあき》の説得にあたるなど、素早い転身を見せた。それでも、説得のために賊軍の間に出没する彼に不審を抱いた官軍に捕らえられ、旧幕軍の脱走に協力したとされて処罰されそうになる。が、ここが彼の強運なところで、藩からの助命嘆願のおかげで命拾いするのだ。

その後の彼は姿をくらまし、三年後にはなぜか新政府の役人となる。西南戦争では陸軍少尉として参戦、さらには日清戦争でも活躍するという出世ぶり。

戦争を長引かせたという意味では、仙台藩自体が、奥羽越列藩同盟の盟主として会津藩より罪が重いといわれることさえあるのと、好対照である。

圧力によりしぶしぶ……小藩の裏切りが勝敗を決した

◆新発田藩◆

越後新発田《しばた》藩は、かつては名門上杉氏の領土だった土地だ。戦国時代末期、上杉氏が会津に移封されたのち、ここを領土として与えられた溝口氏によって、徳川幕府開府以来、十二代にわたって支配が続いていた。

十代藩主・直諒《なおあき》の時代に佐渡の沿岸警備を担当していたり、日米修好通商条約の締結で新潟が開港場になったこともあって、新発田藩は尊王開国派だった。

ところが、周囲の長岡藩、米沢《よねざわ》藩などは意見を異にして、幕府に味方する奥羽越列藩同盟を結んでいたため、一八六七（慶応三）年、新発田藩もこれに参加。地理的状況を考えれば孤立は危険で、周囲に同調するしかなかったのである。

だが実はこの同盟参加、新発田藩内の佐幕派が、藩の意見が勤王に傾くのを恐れて、参加せざるを得なくなるよう追い込んだものだった。実際に戊辰《ぼしん》戦争がはじまってあらためて結束を誓わされることになったものの、藩としては現実に行動を起こすつもりはなかった。

長岡城攻めがはじまっても、新発田藩はなかなか派兵せず、米沢藩から催促されて重い腰を上げたのに対して、武装した領民たちが結集して押しとどめるという騒ぎも起こしている。米沢藩は裏切りを疑い、兵士や銃器の供出を約束させるが、それを受け入れながら、新発田藩の決意は固かった。

新政府軍が新発田藩領太夫浜《たゆうはま》に上陸してからの、新発田藩の動きは早かった。同盟軍に向けて発砲し、裏切りの意思をはっきりと示す。これに力を得た新政府軍は、長岡城を落とし、村上藩を降伏させて会津へと向かうことになる。

長岡攻めに見られるように、強固に見えた奥羽越列藩同盟を新政府軍が打ち破ることができたのは、藩とは別に勤王の立場をとった庄屋や名主に率いられた、農村における自発的な支援の賜物《たまもの》だ。

新発田藩が米沢藩の圧力で出兵を余儀なくされたとき、武装して押しかけたという農民たちがその一例である。新発田藩が、圧力に負けて同盟に参加しながらも、最後には裏切る覚悟ができていたのも、こうした領民の志や世の中の動きを、きちんと把握できていたからだ。

その後の新発田藩は、新政府によって本領安堵され、廃藩置県で新発田県となったのち、新潟県に組み入れられる運命をたどる。

小藩が賭けた幕末の保険！人情あふれる凌霜隊の悲しい運命

◆郡上藩◆

一八六八（慶応四）年の戊辰《ぼしん》戦争で、会津藩の降伏まで佐幕側として戦っていた部隊に、郡上《ぐじょう》藩の脱藩藩士からなる「凌霜隊《りょうそうたい》」がある。

郡上藩は四万八千石の小藩で、戊辰戦争に際しては、国家老・鈴木兵左衛門を中心に、新政府に帰順すると決定し、天領の飛驒にも出兵した。

だが、新政府一辺倒の態度をとっていては、もしも幕府側が勝ったとき藩の存続があやうくなる。新政府側につくか幕府側につくか、読み誤れば、小藩ほどあやうい立場となるので、高度な外交手腕が必要だった。

それに、国元では新政府側についていても、江戸家老・朝比奈藤兵衛《あさひなとうべえ》をはじめとする江戸の藩邸では佐幕的な空気が強かった。

そこで、郡上藩では、幕府軍が勝利した場合に備えて、ひそかに江戸の幕府軍に救援を送り、江戸藩邸で増員のうえ、会津に向かう幕府軍諸隊に合流させた。また、彼らを派遣したのは国元ではなく、朝比奈藤兵衛という説もある。

いずれにせよ、凌霜隊は、国家老または江戸家老の内命を受け、藩内の佐幕派を満足させるとともに、幕府側が勝った場合の保険として出立《しゅったつ》した。隊長は朝比奈藤兵衛の子の茂吉で、後顧《こうこ》の憂《うれ》いを断つため、隊長以下全員が脱藩者となった。

凌霜隊は、宇都宮での戦争に参加し、敗れて退却したのち、会津藩への正式付属を認められた。彼らの行動については、隊長の朝比奈茂吉の人柄なのか、人道的な逸話がいくつも残されている。

たとえば、塩原の宿場を引き上げるとき、敵に利用されないよう、会津藩の命令で宿場を焼き払わなければならなくなったのだが、凌霜隊は、世話になった宿を焼き払うにしのびず、二軒の宿を解体して、あとで再建できるようにした。

このように民衆の評判もよく、会津藩とともに果敢に戦った凌霜隊だが、「保険」の役割を果たしていざ帰藩すると、藩の仕打ちは冷酷だった。彼らは湿気のひどい建物に幽閉され、「朝夕汁、昼は隔日に塩物」という粗末な食事のため、病人が続出した。

また朝比奈家も、藤兵衛は隠居を命じられ、茂吉は長男にもかかわらず朝比奈家の相続を認められず、弟の辰静が平藩士に格下げされたうえでやっと相続できた。

佐幕と勤王の板ばさみ　長州藩主の兄の苦悩

◆館林藩◆

館林《たてばやし》藩は、徳川綱吉《つなよし》が五代将軍を継承するまで在封し、のちに松平家が新城を築城したことから、幕府は身内同様に考えていたが、一八四五（弘化二）年に秋元志朝《ゆきとも》が転封《てんぽう》されてきたことにより、微妙な立場に置かれることになった。

志朝は、長州藩主・毛利定広（元徳《もとのり》）の実兄だったのである。おまけに藩士たちは水戸学の影響を受けていたから、藩内は尊王論が大勢を占めていた。

第一次長州征伐が決定した一八六四（元治《げんじ》元）年、館林藩は最初の困惑に見舞われる。この時点では長州藩は朝敵《ちょうてき》だから、まさか藩主の弟が汚名を着せられるのを傍観しているわけにはいかないというので、志朝は自ら京に上って仲介・調整の役割を担った。

このとき志朝の手足となって動いたのが、館林藩の勤王の歴史学者・岡谷繁実《しげざね》だった。彼は藩主の代わりに公家に会ったり、長州に足を延ばしたりしている。

しかし、こうした行動が幕府にとがめられ、やむなく藩としては佐幕の立場に戻るものの、藩主・志朝は責任をとって隠居し、養子の礼朝《ひろとも》が跡を継ぐ。志朝は実際

版籍奉還後は館林藩知事となった秋元礼朝（館林市資料館蔵）

に動いた岡谷を家禄没収・追放という処分にして幕府への面目を保ち、これで藩は佐幕派として落ち着くはずだった。

　ところが、一八六七（慶応三）年に幕府が大政奉還するものの、その日のうちに徳川慶喜《よしのぶ》は朝敵に。薩長に討幕の密勅が出されたため、館林藩は新たな困惑に陥《おちい》る。幕府の新政府軍対策会議が開かれたときも、前藩主をおもんぱかって新藩主は出席せず、老臣を派遣したにすぎない。

　それでもようやく勤王で意見統一を見て、戊辰《ぼしん》戦争では官軍参加を決めるものの、対策会議への対応を疑われてしまう。新政府へ二万両の献金と軍へは大砲二門を供出してやっと、恭順の意を認めてもらうしかなかった。

　館林藩は、上野戦争から戊辰戦争に加わり、越後や仙台にまで進軍、千人を超える従軍者を出した。そのため戦後は幕末三百諸藩のうち、たった二十七藩しかなかったという、一万石を超える恩賞を授かる。幕府の圧力のために混迷のなかに置かれることもあった館林藩ではあったが、藩に育っていた尊王思想はようやく報われたのだ。

◆忍藩◆

無理やり勤王にまとめたが……優柔不断な態度の代償

現在の埼玉県を構成することになる諸藩のほとんどは、代々が譜代大名の諸領地であり、佐幕派の色濃い土地柄であった。忍《おし》藩も例外ではなく、藩主・松平忠誠《ただざね》は徳川家ゆかりであるだけに、はっきりと幕府支持の意思を抱いていた。

とはいえ、諸藩が、藩の存続のために勤王と佐幕との間を、何か出来事があるたびに揺れ動くという時代だったから、忍藩内でも、藩主の意思とは別に先代の忠邦は朝廷を強く支持して譲らず、藩としての立場を決めかねていた。

鳥羽・伏見の戦いで戊辰《ぼしん》戦争がはじまったとき、忠誠は幕府から京都警護の任を与えられて上洛中だったため、幕府軍の敗北により大坂城から紀州藩へ落ち延びる。これを知った藩内には、時代の移ろいを実感し、尊王を主張する者もいたが、いまだ幕府に好意を抱く者も多く、藩士たちは動揺するばかりだった。

勝利で勢いを得た官軍が東征軍を進めはじめてもまだ、忍藩は藩論を統一できていなかった。おまけに、官軍の侵攻に備えて幕府が送り込んだ衝鋒隊《しょうほうたい》が忍城下に滞在していたから、東山道《とうさんどう》を進んでくる官軍に真っ先に攻撃されることは目に見えている。

土壇場まで追い詰められて、意思を決定したのは御用人・岸嘉右衛門だった。時代の流れが、藩主一人、また忍藩一つの意思では変えられないところまで来ていると忠誠を説き伏せ、官軍に帰順することを決める。

残る問題は、駐留している衝鋒隊だった。岸は藩医・久河道伯《くがどうはく》を使者に立て、軍資金六百両とわらじ千足を渡して忍藩からの引き揚げを納得させる。とくに幕府への忠誠心の強いことで知られた久河を使者に立てたゆえの成功だった。

官軍への恭順の意を示すために、藩は勤王誓書を提出し、糧食を提供、人馬の輸送に協力して宿駅も整備し攻撃を免《まぬが》れる。さらに銃器や大砲四門と藩兵も差し出し、忍藩士たちは長州藩隊に組み入れられて、その後の東北各地での戦いに加わっている。

おかげで藩は無事だったが、おさまらないのは久河道伯である。城が官軍の本営になって駐留しているとき、城下の料亭で酒を飲んで、藩が官軍の支配下にあることのウサ晴らしに官軍を揶揄《やゆ》して騒いでいた。

運の悪いことに、隣の部屋の客が官軍兵だったため、忍藩は帰順が本意かどうか疑われることになってしまった。藩はしかたなく、功労者である久河の首をはねて事なきを得たのだった。

◆岡藩◆ 命拾いはしたけれど……寺田屋に間に合わなかった藩士たち

歴史的大事件の現場に居合わせずにすんだのは、幸運か不運か？　危険な目に遭《あ》わずにすむが、有名にはなりそこねてしまう。そんな立場に立ったのが、豊後国《ぶんごのくに》（現・大分県）の岡藩である。

岡藩は佐幕政策をとっていたが、会計元締役の小河一敏《おごうかずとし》らは、黒船来航以前からすでに朝廷寄りの政策への方向転換を主張し、藩主・中川久昭《ひさあき》に職を追われて蟄居《ちっきょ》を命じられていた。

一八五三（嘉永六）年の黒船来航後、一敏は、久留米《くるめ》藩の真木和泉《まきいずみ》など、九州各地の尊攘派の志士たちと親交を結び、一八六二（文久二《ぶんきゅう》）年、西国の志士たちが京都所司代《しょしだい》・酒井忠義らの暗殺をもくろんでいると知ると、藩内の尊攘派を連れて上洛した。

一敏をはじめ十七人の岡藩の志士たちは、薩摩藩の過激派たちと合流し、ひと足先に京都伏見の宿屋・寺田屋に入っている先発隊の志士たちのもとに向かった。

だが、彼ら後発隊が寺田屋に入る前日、先発隊の志士たちは、薩摩藩主・島津久《ひさ》光《みつ》が差し向けた藩士たちと激闘になり、多くの死傷者を出していた。京都所司代暗殺計画はもちろん中止である。

一敏ら岡藩の志士たちは、一日遅く着いたおかげで命拾いした。彼らは、自分たちの正当性を主張するため、島津久光を通じて朝廷に建白書を提出し、岩倉具視《ともみ》らの知遇も受けた。

だが、彼らの尊攘派としての活躍はそこまでだった。岡藩の藩主や重臣たちは、一敏らに帰国命令を出し、戻ってきた彼らを隠居・謹慎・閉門などにしたのである。

このため一敏らは藩に閉じこもったまま、それ以上の活動ができず、岡藩内の尊攘運動は影をひそめたのである。

もしも一敏らが藩の命令通りにおとなしく帰藩せず、脱藩して京都で活動を続けていれば、幕末維新史において岡藩の知名度はもっと上がっていたかもしれない。

◆佐倉藩◆

藩主が人質にとられた佐倉藩の官軍もあきれたあいまいぶり

戊辰《ぼしん》戦争が勃発したとき、苦しい立場に立ったのが、幕府に恩顧のある譜代藩である。譜代藩としての幕府への義理と、新政府軍のほうが優勢だという現実の板ばさみにあって、藩論が分かれたり、途方に暮れた藩も多かった。その極端な例が下《しも》総《うさ》の佐倉藩十一万石である。

佐倉藩主・堀田正倫《まさとも》は、一八六八（慶応四）年二月、追討令を出された将軍・徳川慶喜《よしのぶ》を救うべく、小田原藩などとともに慶喜赦免《しやめん》の哀訴状を朝廷に提出するなど、佐幕的な努力を続けていた。

だが、同年三月、さまざまな嘆願のために藩兵三百人を率いて上洛した正倫は、江戸をめざして進撃している新政府軍の東海道先鋒総督府に勤王誓書を提出したものの、態度があいまいだというので、京都謹慎を申し渡された。要するに、佐倉藩の藩主が京都で人質にとられてしまったのである。

藩主不在の佐倉城に乗り込んできた新政府軍の副総督・柳原前光《やなぎはらさきみつ》は、佐倉藩に出兵を要求した。

人質となった藩主と藩の命運を賭けて、家臣たちは徹夜で議論したが、佐幕派も多くて結論がなかなか出ない。早朝になってようやく、重臣・平野縫殿《ぬい》らの説得もあり、出兵との決定を下した。

だが、ずっと待たされてイライラしてきた柳原は、佐倉藩の方向ははなはだしくあいまいだと、方針を変更して自分たちだけで佐倉を出発した。

佐倉藩は慌てた。それでなくてもにらまれて藩主が人質にされているのに、ここで出兵しなければますます立場が悪くなってしまう。

急いで藩兵三百余人に柳原のあとを追わせ、その後、新政府軍に命じられるまま、佐貫・木更津《きさらづ》・宇都宮・磐城平《いわきたいら》と転戦することになったのである。

出兵したあともなお、藩論は揺れ動いた。そのあいまいさに期待をかけられたのか、旧幕府軍に佐幕派として挙兵するよう勧誘され、悩まされたという。

◆荻野山中藩

官軍の標的とされたうえ宗藩にも裏切られた不運な小藩

相模国《さがみ》（現・神奈川県）の荻野山中藩《おぎのやまなか》は、小田原藩第五代藩主・大久保忠朝《ただとも》の次男・教寛《のりひろ》が父から六千石を分封され、その後、江戸城の西丸若年寄《わかどしより》となったときに五千石を加増され、大名に昇格したのに由来する。この分家が一七八三（天明三）年に中荻野村山中（現・厚木市）に陣屋を定めてから荻野山中藩と呼ばれるようになり、幕末には一万三千石の大名となった。

譜代大名とはいえ、小田原藩の支藩にすぎない小藩の荻野山中藩だが、戊辰《ぼしん》戦争前夜の一八六七（慶応三）年十二月、薩摩藩の標的にされてしまう。薩摩藩は、関東を攪乱《かくらん》するため、浪士を集めて江戸周辺の要所を攻撃しようと考え、下野《しもつけ》国（現・栃木県）出流《いずる》山での挙兵、甲斐国（現・山梨県）甲府城襲撃、荻野山中陣屋襲撃を計画したのである。

べつに軍事拠点でもない単なる小藩の陣屋なのに、関東に混乱を起こすためだけに狙われたのだから、とんだとばっちりだ。

しかも、これら複数の計画のうち、荻野山中陣屋襲撃だけが成功し、陣屋は、米・武器・金品を奪われたあげく、焼き払われてしまったのである。

さらに戊辰戦争がはじまると、荻野山中藩は本藩の小田原藩に振り回された。

一八六八（慶応四）年二月、新政府軍の総督府は江戸攻撃に備えて豆相《ずそう》軍監を設けた。五月、その豆相軍監の命令で、小田原藩は佐幕側の部隊である遊撃隊を討伐するよう命令され、箱根の関門守備隊を編成した。つまり小田原藩は新政府側についたのである。

それを知った荻野山中藩も、小田原藩と同じく新政府軍に帰順する決定をした。だが、箱根で遊撃隊と戦った小田原藩兵は、遊撃隊と和睦していきなり新政府軍を襲撃し、十三人を殺害した。殺された十三人のなかには、新政府軍に加わっていた荻野山中藩士・小野木守三もいた。荻野山中藩は宗家の裏切りで藩士を殺されてしまったのだ。

その後、ふたたび新政府軍に帰順した小田原藩は、この裏切りの罪を問われ、藩主は蟄居《ちっきょ》謹慎で家禄十一万三千石は没収となった。

荻野山中藩主・大久保教義《のりよし》は、小田原藩を救うべく豆相軍監に嘆願し、結局、教義の嫡子《ちゃくし》の忠良《ただよし》が、七万五千石に減封された宗家の小田原藩を継いだのである。

◆津藩
鳥羽・伏見の戦いを決定づけた初代藩主から受け継ぐ処世術

強い者に味方して保身と出世をはかる……という世渡りの術は、いつの時代にも見られるが、とくに動乱の世の大名には必要な能力だったといえるかもしれない。

この世渡りの才能を、藩のはじまりと終わりに見事なまでに発揮したのが、伊勢国（現・三重県）の津藩である。

津藩の藩祖・藤堂高虎《とうどうたかとら》は、戦国時代に主家を次々に替えながら出世の機会をうかがい、羽柴秀長《はしばひでなが》に仕えながら豊臣秀吉の作戦に参加して、秀吉に武功を認められた。秀吉が織田信雄《のぶかつ》・徳川家康と戦ったときには、家康側についた紀州の根来《ねごろ》衆・雑賀《さいが》衆を討伐するなど、秀吉の天下統一の戦いに加わって大名になった。だが、秀吉と家康が和解後は家康とも交流し、秀吉没後は石田三成の動きを家康に密告し、関ヶ原の戦いでは家康側についた。

この世渡りのうまさは幕末にも発揮された。一八六八（慶応四）年一月三日、鳥羽・伏見の戦いが勃発したとき、津藩は京都と大坂の中間に位置する要衝・山崎（現・京都府大山崎町）を守っていた。その日の夜に幕府軍の使者が訪れたとき、薩摩の強引な討幕行動を快く思っていなかった津藩の守備隊は、場合によっては薩摩軍を砲撃するつもりだった。

幕府軍の使者は山崎に援軍をよこす約束をして帰ったが、翌日に援軍は来ず、戦いの勝敗も不明なので、津藩の守備隊は、この戦いを両軍の私闘と解釈することにして、どちらにも味方しないことにした。

津藩は、慶喜《よしのぶ》に対する寛大な処置を求める建言書を朝廷に提出するなど、佐幕的中立の態度を守りながら、双方から疑念を持たれるほど熱心に和解の斡旋《あっせん》を行なったのである。

双方からの援軍要請を拒《こば》んでいた津藩の守備隊だが、五日の夜に勅使が来ると、勅使が無視できなくなった。守将の藤堂采女《うねめ》は藩主の指示を受けたいと答えたが、勅使が譲らないため、独断で奉勅を決断し、翌日、幕府軍を砲撃したのである。

山崎は、この戦いを左右するほどの要衝に位置していたうえ、幕府軍は津藩を味方だと思っていたので、突然の裏切りに大きな衝撃を受けて敗走した。津藩の裏切りが鳥羽・伏見の戦いを決定づけたのである。

このあと、津藩は新政府軍に参加し、その軍功により二万石を加増された。藩祖と同じように、津藩は強い側に寝返って得をしたのである。

よかれと思って逮捕したが……一人の藩士を犠牲にした方向転換

◆福知山藩

丹波国（現・京都府）の福知山《ふくちやま》藩は、一八六八（慶応四）年一月三日に鳥羽・伏見の戦いが起こったとき、幕府の命令で藩兵を大坂に派遣していた佐幕側だった。しかし、幕府側の敗戦に終わった八日後の一月十四日、西園寺公望《さいおんじきんもち》率いる山陰道鎮撫《ちんぶ》使《し》が諸藩を帰順させながら福知山に入ると、勤王誓紙を提出して帰順した。

幸い、幕府の命令で福知山藩兵が守っていたのは安治《あじ》川の川口港で、鳥羽・伏見の戦いそのものには参戦していない。朝敵《ちょうてき》になるのは免《まぬが》れた……はずだったが、二月十六日になって、鳥取に駐屯していた山陰道鎮撫使から呼び出しがかかった。一月六日、安治川の川口港に上陸した薩摩藩士・大野庄右衛門が、港を守っていた福知山藩兵らに捕らえられ、戦時捕虜として町奉行所に護送されたというのである。

山陰道鎮撫使に随従していた薩摩藩士は憤慨し、「勤王の志士を捕らえて負傷させた福知山は朝敵同様なので、厳重に処罰する」と脅しをかけてきた。大野庄右衛門を捕らえた藩士たちは、与えられた役目を忠実に果たしただけである。

福知山藩がどうすることもできずに困っていると、事件のときに川口港の警備隊長だった藩士・寺田源右衛門が、一言の抗弁もなく、「号令不行き届き」を理由に切腹した。藩主・朽木《くつき》為綱《もりつな》は、源右衛門の首級を家臣に持たせ、鎮撫使のもとに届けさせて、薩摩藩士たちの怒りを解いた。

源右衛門の犠牲によって、福知山藩は無事に方向転換し、新政府軍の一員として重要な位置を占め、戊辰《ぼしん》戦争後には二千両の賞典金を下賜《かし》されたのである。

◆高鍋藩

若年寄になんかなってたまるか! 仮病を使ってまで辞退した要職

江戸時代の多くの大名たちにとって、幕府の要職に就くのは望外の喜びだったが、幕末ともなると事情が違う。幕府の要職をなんとかして辞退しようと苦労したのが、高鍋藩主・秋月種殷《たねとみ》の弟・種樹《たねたつ》である。

まず、一八六二(文久二《ぶんきゅう》)年、江戸に上っていた種樹は幕府の学問所奉行に任命された。知らせを受けた国元では、喜ぶよりも慌てた。幕府の要職に就けば一家として取り立てられる可能性も出てくるが、藩主・種殷の男子五人がすべて早世したため、藩では種樹が世継ぎとなるのを望んでいたのである。

藩の嘆願により、種樹の養子入りは認められた。このときには藩の都合と幕府の要職は両立できたので、続いて種樹が外様大名の世子としては異例の若年寄格《わかどしより》(若年寄見習い)に任じられると、素直に喜んだ。

だが、次はそうはいかなかった。朝廷からの勅命を受け、横浜の開港を中止するよう外国と交渉する役目に、幕府は種樹を選んだのだ。

高鍋藩はそれが不可能だとよくわかっていたので、種樹に仮病を使わせて断らせた。彼の代わりに交渉役となって渡仏した池田筑後守《ちくごのかみ》は、高鍋藩の予測通り交渉に失敗し、俸禄を半分に減らされた。

やがて一八六四（元治《げんじ》元）年、種樹は「愚かで病気がち」を理由に、幕府の要職をすべて辞任した。もともと秋月家は勤王家の家柄だったので、佐幕派と尊攘派の対立が深まる時代のなか、幕府から離れようと判断したものと思われる。

だが、なぜかその三年後の一八六七（慶応三）年六月、幕府は種樹を以前よりさらに地位が上の若年寄に任命した。若年寄は老中に対して「少老」といわれるほどの要職だが、幕府の命運が風前の灯《ともしび》となった時代にはありがたくない。

種樹とともに江戸藩邸にいた藩士の水筑小一郎や城勇雄らは猛反対し、種樹自身も同意見だったので病気を理由に江戸城への出仕を断ると、幕府は、高鍋藩邸まで医師を派遣するといってきた。

困った水筑らは、同年十二月、種樹を薩摩藩の船に乗せて江戸から脱出させようとした。この計画は、突発的に起こった幕兵による薩摩藩邸焼き討ち事件の余波で実現しなかったが、種樹は幕府から辞任を認められた。

おかげで高鍋藩は、戊辰《ぼしん》戦争のとき、新政府側につけたのである。

江戸諸藩なるほど裏話 ※ 九州

年に一度は庶民も武士の格好に！ 藩主を称える盆踊り

◆飫肥藩◆

士農工商の身分制度のもとでは、多くの庶民にとって武士はあこがれだった。一度は武士の格好をしてみたい……という庶民たちの願いがかなったのが、日向国《ひゅうがのくに》（現・宮崎県）の飫肥《おび》藩の盆踊り「泰平踊り」である。

飫肥藩主の伊東氏は、豊臣秀吉に飫肥五万一千石を与えられてから明治まで、一度も転封《てんぽう》を経験せずにこの地で繁栄した。その繁栄と天下泰平を称《たた》えるのが泰平踊りである。

泰平踊りは、腰に朱鞘《しゅざや》を差し、折編笠を深くかぶり、伊東家の家紋を背中につけた着流し、白足袋、白緒の草履《ぞうり》で踊る。

この盆踊りは、元禄年間（一六八八～一七〇四）頃からさかんになり、一七〇七（宝永四）に五代藩主・伊東祐実《すけざね》が武士の盆踊り参加を許し、藩祖・祐兵《すけたけ》の盂蘭盆《うらぼん》供養として報恩寺で行なってから、飫肥藩の一大行事として、毎年の盂蘭盆会《え》に盛大に踊られるようになったといわれる。

政情不穏となった幕末の一八六四（元治《げんじ》元）年には、危険を考えて年少者の泰平踊りの参加が禁止されたが、今町と本町での踊りそのものは許可された。藩は庶民の盆踊りにずいぶん理解があったのである。

泰平踊りは今日まで完全な形で伝承され、宮崎県の無形文化財に指定されている。

◆平戸藩◆
他藩のアラ探しで墓穴を掘った?
松浦静山の『甲子夜話』

一七七五(安永四)年に肥前国《ひぜん》(現・長崎県)の平戸藩主となった松浦静山《まつらせいざん》は、藩をあげての節約、新田・新畑の開拓、殖産興業などによって藩財政を再建し、名君といわれた人物である。自身も質素倹約に努め、藩の出納《すいとう》にはたいへん厳格で、藩の会計法を整備して、一銭の浪費も許さなかったという。

彼はまた、江戸時代屈指の名著といわれる随筆『甲子夜話《かっしやわ》』の著者でもある。師の勧めで、古今の事柄を後世に伝えようと、上は朝廷・幕府から下は一般庶民まで、広範囲に集めた情報を随筆に著したのだが、そのなかには諸藩の賄賂《わいろ》事情も含まれる。

老中・松平定信が賄賂を禁じたのに共感し、諸藩の賄賂の実態を調べて『甲子夜話』に取り上げたのだ。

だが、調べているうちに、彼はとんでもないことに気づいた。

一七八六(天明六)年、平戸藩が高額の費用をかけ、老中・松平康福《やすよし》の用人の高浜直右衛門を何度も饗応したうえ、それとは別に賄賂も贈ったらしいとほのめかす資料が出てきたのである。大規模な土木工事を押しつけられないよう、賄賂を使ったと思われた。

藩の出納は静山が厳しくチェックしていたから、彼の知らないところでそんな多額の出費があったはずがない。すっかり忘れていたが、静山自身もまた、他藩と同じように賄賂を用いていたのである。

その事実を思い出して、静山はさぞ不本意だったことだろう。

◆宇土藩◆
いまなお人々に利用されている上水道「轟泉水道」

日本の上水道は、一五八六（天正十四）年に誕生した江戸の神田水道を皮切りに、一八七〇（明治三）年までに全国三十か所につくられた。そのなかで現在も使われている唯一の上水道が、熊本藩の支藩・宇土《うど》藩のつくった「轟泉《ごうせん》水道」である。

宇土の城下は地下水の水質が悪く、地下十〜十二メートルぐらいまでは、塩分を含んでいるうえに悪臭がして、飲用水には適さなかった。そこで、二代藩主・細川行孝《ゆきたか》は、城下から三キロメートルほど離れた轟山麓から良質の水を引こうと計画したのである。

さいわい、細川家には、行孝の祖父・忠《ただ》興《おき》が、豊後《ぶんご》（現・大分県）の中津を領有して

轟泉水道はいまも生活用水として使われている（宇土市観光協会提供）

いた折、一六〇〇（慶長五）年に中津水道をつくった経験があり、これも水道建設に踏み切った要因だったと思われる。

この轟泉水道は、平地の水源である貯水池から配水するため、土地が高い場所では地下を掘り下げ、低い場所では盛り土などをして、水道管を通した。水道管は、当初は窯元につくらせた土管を用いていたが、一七六九（明和六）年、老朽化のため石管に取り替えられた。

一六四六（正保三）年に轟泉水道が完成すると、武家では各屋敷に、町人は各町に一つずつの共同井戸で水質のよい水を利用できるようになったのである。

轟泉水道の水源地は、今日、名水百選に選ばれ、轟泉水道は百二十戸あまりの人々に生活用水として利用されているという。

幕末維新キーワード

【尊王攘夷運動　そんのうじょういうんどう】　天皇を尊び、外夷を退けることをスローガンに掲げ、幕府政治を批判の対象とする運動。

【公武合体　こうぶがったい】　朝廷（公）と幕府（武）が協力することにより、政局の混乱を収めて外敵に対処しうる政治体制をつくり上げようとする考え。

【水戸学　みとがく】　江戸時代、修史事業を契機として水戸藩に興《おこ》った学風。前・後期に二分され、とくに後期は寛政期（一七八九～一八〇一）以後、藩主・徳川斉昭《なりあき》を先頭に藤田幽谷《ゆうこく》・藤田東湖《とうこ》・会沢安《あいざわやすし》らが尊王攘夷を核とした国体論を展開し、幕末期の尊王攘夷運動の理論的柱となる。

【佐幕　さばく】　幕府に味方をして助けること。または、その党派。

【八月十八日の政変　はちがつじゅうはちにちのせいへん】　一八六三（文久三）年八月十八日、会津・薩摩両藩中心の公武合体派が、長州藩を中心とする尊王攘夷派を京都から追放した事件。

【戊辰戦争　ぼしんせんそう】　明治維新期の内乱。一八六八（慶応四）年一月から六九（明治二）年五月まで、新政府軍と旧幕府・佐幕派勢力の間で戦われた。おもな戦いは、鳥羽・伏見の戦い、上野戦争、北越戦争、東北戦争、箱館戦争など。

【鳥羽・伏見の戦い とば・ふしみのたたかい】 戊辰戦争の発端となった戦い。一八六八（慶応四）年一月二日、大坂にいた前将軍・徳川慶喜《よしのぶ》は旧幕府軍一万を率いて進軍。三日、京都南郊の鳥羽・伏見で薩長軍四千と衝突する。新政府軍は一日で旧幕府軍を退却させた。

【奥羽越列藩同盟 おううえつれっぱんどうめい】 一八六八（慶応四）年五月、戊辰戦争に際して、東北・北越諸藩が結んだ反新政府軍事同盟。同盟諸藩は輪王寺宮を盟主に迎えて政府軍に対するも、脱落する藩が相次ぎ、瓦解《がかい》した。

【廃藩置県 はいはんちけん】 一八七一（明治四）年七月十四日、これまでの藩を廃して府県に統一した政治制度改革。これにより、東京・大阪・京都三府と三百二県が成立（年内に七十二県に整理統合）。広義には、一八七九（明治十二）年四月四日の琉球藩の廃止・沖縄県の設置で完成する。廃藩置県に際して藩主層はほとんど抵抗しなかったのだが、それは廃藩によって年貢は新政府に入ったものの、旧藩士への家禄の支給や藩の負債は政府が肩代りし、藩主の実収入が保障されたことによる。

年表

※一八七二（明治五）年十二月三日の改暦以前は太陰暦の年月日

一八五三　嘉永六　アメリカ合衆国使節ペリー、浦賀に来航（六月）
ロシア使節プチャーチン、長崎に来航（七月）
一八五四　安政元　日米和親条約調印（三月）
長州藩士の吉田松陰・金子重輔、米艦で海外密航を企てるも果たせず、捕縛される（三月）
一八五五　安政二　安政の大地震（十月）
一八五六　安政三　アメリカ総領事ハリス、下田に着任（七月）
一八五八　安政五　井伊直弼、大老となる（四月）
日米修好通商条約に調印（六月）。同年度に、日蘭・日露・日英・日仏の各修好通商条約も調印
安政の大獄（九月）
一八六〇　万延元　桜田門外の変（水戸浪士らが井伊直弼を襲撃。三月）
一八六二　文久二　坂下門外の変（水戸浪士らが老中・安藤信正を襲撃。一月）
寺田屋騒動（四月）
生麦事件（八月）
幕府、薩摩藩と連合し、公武合体を謀る（十一月）
一八六三　文久三　長州藩、豊浦沖でフランス艦を砲撃（五月）

薩英戦争（七月）
天誅組の乱（尊攘派が大和五条で挙兵）。八月十八日の政変（会津・薩摩藩が中心の公武合体派が、長州藩ら尊攘派を京都から追放。八月）

一八六四　元治元
天狗党の乱（水戸藩尊攘派が筑波山で挙兵。三月）
池田屋事件（六月）
松代藩士・佐久間象山、京都で暗殺される。蛤御門（禁門）の変（七月）
米・英・仏・蘭の連合艦隊、下関を砲撃。第一次長州征伐（八月）

一八六六　慶応二
薩長同盟（薩摩藩と長州藩の間で結ばれた政治・軍事同盟。一月）
第二次長州征伐（六月）
徳川慶喜、将軍となる（十二月）

一八六七　慶応三
土佐藩士・坂本龍馬、長崎で海援隊を組織（四月）
朝廷、大政奉還を承認。徳川慶喜、将軍職の辞表を提出（十月）

一八六八　慶応四
明治元

王政復古（十二月）
榎本武揚率いる旧幕艦隊、兵庫沖で薩摩藩船を砲撃。鳥羽・伏見の戦い。相楽総三らの赤報隊、美濃へ向かう（一月）
浅草本願寺で彰義隊が組織される（二月）
西郷隆盛と勝海舟、薩摩藩邸で第二次会見。江戸開城の了解が成立（三月）
江戸城接収（四月）
奥羽越列藩同盟（戊辰戦争に際して東北・北越諸藩が結んだ反新政府軍事同盟）。長岡藩・河井継之助、政府軍を攻撃させて勝利（五月）
江戸を東京と改称（七月）
榎本武揚、旧幕府艦隊の八隻を率いて品川沖から脱走。政府軍、会津若松へ向かう。白虎隊士、飯盛山で自刃（八月）
明治に改元。政府軍、若松城を総攻撃。仙台藩降伏。福島藩も降伏を認められる。天皇、京都を発ち東京へ向かう。会津藩・松平容保父子、降伏（九月）
旧幕府軍、箱館・五稜郭を占領（十月）

一八六九　明治二　薩長土肥の四藩主、版籍奉還を上奏（一月）
五稜郭、降伏・開城（五月）
蝦夷地を北海道と改称（八月）
兵部大輔・大村益次郎、京都で襲撃される（九月）
一八七〇　明治三　松平容大、斗南藩知事に就任（五月）
一八七一　明治四　廃藩置県（三府三〇二県。七月）
一八七二　明治五　壬申戸籍編成（一月）
太陽暦採用（十二月三日が明治六年一月一日に）
一八七三　明治六　徴兵令制定（一月）
地租改正条例（七月）
征韓論敗北（西郷隆盛・板垣退助・後藤象二郎ら下野する。十月）
一八七四　明治七　民撰議院設立建白書提出（一月）
一八七六　明治九　神風連の乱・秋月の乱・萩の乱（十月）
一八七七　明治十　西南戦争はじまる（二月）
一八七九　明治十二　東京府会開く（三月）
琉球藩廃止、沖縄県設置（四月）

【参考文献】 左記の文献等を参考にさせていただきました。
『松平春嶽』川端太平、『廃藩置県の研究』松尾正人、『津藩』深谷克己（吉川弘文館）／『図説 栃木県の歴史』阿部昭・永村眞編、『図説 滋賀県の歴史』木村至宏編、『図説 埼玉県の歴史』小野文雄編、『図説 愛知県の歴史』林英夫編（河出書房新社）／『幕末列藩流血録』徳永真一郎（毎日新聞社）／『北海道の歴史』田端宏ほか、『青森県の歴史』長谷川成一ほか、『神奈川県の歴史』神崎彰利ほか、『滋賀県の歴史』畑中誠治ほか、『福井県の歴史』隼田嘉彦ほか、『静岡県の歴史』本多隆成ほか、『愛媛県の歴史』内田九州男ほか、『青森県の百年』小岩信竹ほか、『宮崎県の百年』別府俊紘ほか（山川出版社）／『秩禄処分』落合弘樹、『幕末歴史散歩 東京篇』一坂太郎（中央公論新社）／『苗木藩終末記』東山道彦（三野新聞社）／『石川県の歴史』若林喜三郎監、『昆布を運んだ北前船』塩照夫（北國新聞社）／『ふるさとの藩』前田勤（朝日出版社）／『加賀風雲録』戸部新十郎、『物語廃藩置県』高野澄、『静岡県の不思議事典』小和田哲男編、『秋田県の不思議事典』野添憲治編、『福井県の不思議事典』松原信之編、『奈良県・和歌山県の不思議事典』大宮守友・小山譽城編、『新編物語藩史 第4巻』児玉幸多ほか監、『秋田・庄内戊辰戦争』郡義武、『別冊歴史読本 日本の名家・名門 人物系譜総覧』、『三百藩戊辰戦争事典（下）』新人

PHP文庫好評既刊

幕末維新・あの人の「その後」
新選組から明治の指導者まで
日本博学倶楽部

「徳川慶喜は大政奉還後どうなったの？」――新選組から明治の元勲まで、激動の時代に活躍した人物たちの意外な「その後」を徹底紹介！

定価540円
（本体514円）
税５％

日露戦争・あの人の「その後」
東郷平八郎、秋山兄弟から敵将ステッセルまで
日本博学倶楽部

「秋山真之は宗教にのめり込んだ？」「児玉源太郎は宰相の座を狙っていた？」……。日露戦争のあと、名将たちが辿った意外な運命とは。

定価560円
（本体533円）
税５％

源平合戦・あの人の「その後」
伝説・伝承にみる「それから」の人間模様
日本博学倶楽部

「源義経は本当に死んだのか？」「平清盛が冒された熱病とは？」――多くの伝説が残る源平時代の人物たちの気になる「その後」を紹介。

定価580円
（本体552円）
税５％

著者紹介
日本博学倶楽部（にほんはくがくくらぶ）
歴史上の出来事から、さまざまな文化・情報、暮らしの知恵までを幅広く調査・研究し、発表することを目的とした集団。
主な著書に『「県民性」なるほど雑学事典』『「関東」と「関西」こんなに違う事典』『「歴史」の意外な結末』『雑学大学』『世の中の「ウラ事情」はこうなっている』『歴史の意外な「ウラ事情」』『歴史の「決定的瞬間」』『歴史を動かした意外な人間関係』『「間違いやすい日本語」の本』『戦国武将・あの人の「その後」』『幕末維新・あの人の「その後」』『日露戦争・あの人の「その後」』『源平合戦・あの人の「その後」』『東海道新幹線で楽しむ「一駅雑学」』（以上、ＰＨＰ文庫）などがある。

ＰＨＰ文庫　江戸300藩の意外な「その後」
「藩」から「県」へ――教科書が教えない歴史

2005年２月16日　第１版第１刷

著　者　日本博学倶楽部
発行者　江口克彦
発行所　ＰＨＰ研究所
東京本部　〒102-8331　千代田区三番町３番地10
文庫出版部　☎03-3239-6259（編集）
普及一部　☎03-3239-6233（販売）
京都本部　〒601-8411　京都市南区西九条北ノ内町11
PHP INTERFACE　http://www.php.co.jp/
制作協力
組　版　ＰＨＰエディターズ・グループ
印刷所
製本所　凸版印刷株式会社

ISBN4-569-66342-7

本書は、書き下ろし作品です。

江戸300藩一覧

北海道

【松前藩(外様)】
居城：北海道松前郡松前町
領地：蝦夷福山
石高：3万石
最後の藩主：松前修広

【館藩 (外様)】
居城：北海道檜山郡厚沢部町
領地：蝦夷福山
石高：3万石
最後の藩主：松前修広

青森県

【斗南藩(家門)】
居城：青森県むつ市
領地：陸奥上北郡・三戸郡・二戸郡
石高：3万石
最後の藩主：松平容大

【八戸藩(外様)】
居城：青森県八戸市
領地：陸奥八戸
石高：2万石
最後の藩主：南部信順

【黒石藩(外様)】
陣屋：青森県黒石市
領地：陸奥黒石
石高：1万石
最後の藩主：津軽承叙

【弘前藩(外様)】
居城：青森県弘前市
領地：陸奥弘前
石高：10万石
最後の藩主：津軽承昭

岩手県

【盛岡藩(外様)】
居城：岩手県盛岡市
領地：陸奥盛岡
石高：20万石
最後の藩主：南部利恭

【盛岡新田藩(外様)】
居城：岩手県盛岡市
領地：陸奥七戸
石高：1万1000石
最後の藩主：南部信方

【一関藩(外様)】
居城：岩手県一関市
領地：陸奥一関
石高：3万石
最後の藩主：田村崇顕

宮城県

【仙台藩(外様)】
居城：宮城県仙台市
領地：陸奥仙台
石高：62万5000石
最後の藩主：伊達宗基

福島県

【白河藩(譜代)】
居城：福島県白河市
領地：陸奥白河
石高：10万石
最後の藩主：阿部正静

【泉藩(譜代)】
陣屋：福島県いわき市
領地：陸奥泉
石高：2万石
最後の藩主：本多忠伸

【湯長谷藩(譜代)】
陣屋：福島県いわき市
領地：陸奥湯長谷
石高：1万5000石
最後の藩主：内藤政憲

【中村藩(外様)】
居城：福島県相馬市
領地：陸奥中村
石高：6万石
最後の藩主：相馬季胤

【三春藩(外様)】
居城：福島県田村郡三春町
領地：陸奥三春
石高：5万石
最後の藩主：秋田映季

【守山藩(連枝)】
陣屋：福島県郡山市
領地：陸奥守山
石高：2万石
最後の藩主：松平頼之

【二本松藩(外様)】
居城：福島県二本松市
領地：陸奥二本松
石高：10万1000石
最後の藩主：丹羽長裕

【福島藩(譜代)】
居城：福島県福島市
領地：陸奥福島
石高：3万石
最後の藩主：板倉勝達

【下手渡藩(外様)】
陣屋：福島県伊達郡月館町
領地：陸奥下手渡
石高：1万石
最後の藩主：立花種恭

【棚倉藩(譜代)】
居城：福島県東白川郡棚倉町
領地：陸奥棚倉
石高：10万石
最後の藩主：阿部正功

【会津藩(家門)】
居城：福島県会津若松市
領地：陸奥会津
石高：28万石
最後の藩主：松平容保

【平藩(譜代)】
居城：福島県いわき市
領地：陸奥平
石高：3万石
最後の藩主：安藤信勇

(3)

山形県

【米沢藩(外様)】
居城：山形県米沢市
領地：出羽米沢
石高：18万石
最後の藩主：上杉茂憲

【米沢新田藩(外様)】
陣屋：山形県米沢市
領地：出羽米沢新田
石高：1万石
最後の藩主：上杉勝道

【庄内(鶴岡)藩(譜代)】
居城：山形県鶴岡市
領地：出羽庄内
石高：16万7000石
最後の藩主：酒井忠宝

【新庄藩(外様)】
居城：山形県新庄市
領地：出羽新庄
石高：6万8000石
最後の藩主：戸沢正実

【上山藩(譜代)】
居城：山形県上山市
領地：出羽上山
石高：3万石
最後の藩主：松平信安

【天童藩(外様)】
陣屋：山形県天童市
領地：出羽天童
石高：2万石
最後の藩主：織田寿重丸

【長瀞藩(譜代)】
陣屋：山形県東根市
領地：出羽長瀞
石高：1万1000石
最後の藩主：米津政敏

【山形藩(譜代)】
居城：山形県山形市
領地：出羽山形
石高：5万石
最後の藩主：水野忠弘

【松山藩(譜代)】
居城：山形県飽海郡松山町
領地：出羽松山
石高：2万5000石
最後の藩主：酒井忠匡

秋田県

【本庄藩(外様)】
居城：秋田県本荘市
領地：出羽本庄
石高：2万石
最後の藩主：六郷政鑑

【秋田藩(外様)】
居城：秋田県秋田市
領地：出羽秋田
石高：20万6000石
最後の藩主：佐竹義堯

【秋田新田藩(外様)】
陣屋：秋田県秋田市
領地：出羽秋田新田

石高：2万石
最後の藩主：佐竹義理

【岩崎藩(外様)】
陣屋：秋田県湯沢市
領地：出羽岩崎
石高：2万石
最後の藩主：佐竹義諶

【亀田藩(外様)】
陣屋：秋田県由利郡岩城町
領地：出羽亀田
石高：2万石
最後の藩主：岩城隆彰

【矢島藩(譜代)】
陣屋：秋田県由利郡矢島町
領地：出羽矢島
石高：1万5000石
最後の藩主：生駒親敬

栃木県

【佐野藩(譜代)】
陣屋：栃木県佐野市
領地：下野佐野
石高：1万6000石
最後の藩主：堀田正頌

【足利藩(譜代)】
陣屋：栃木県足利市
領地：下野足利
石高：1万1000石
最後の藩主：戸田忠行

【吹上藩(譜代)】
陣屋：栃木県栃木市吹上
領地：下野吹上
石高：1万石
最後の藩主：有馬氏弘

【宇都宮藩(譜代)】
居城：栃木県宇都宮市
領地：下野宇都宮
石高：7万1000石
最後の藩主：戸田忠友

【大田原藩(外様)】
居城：栃木県大田原市
領地：下野大田原
石高：1万1000石
最後の藩主：大田原勝清

【壬生藩(譜代)】
居城：栃木県下都賀郡壬生町
領地：下野壬生
石高：3万石
最後の藩主：鳥居忠宝

【喜連川藩(外様)】
陣屋：栃木県塩屋郡喜連川町
領地：下野喜連川
石高：10万石格
最後の藩主：喜連川聡氏

【高徳藩(譜代)】
陣屋：栃木県塩屋郡藤原町高徳
領地：下野高徳
石高：1万石
最後の藩主：戸田忠綱

【烏山藩(譜代)】
居城：栃木県那須郡烏山町
領地：下野烏山

(5)

石高：3万石
最後の藩主：大久保忠順

【黒羽藩(外様)】
陣屋：栃木県那須郡黒羽町
領地：下野黒羽
石高：1万8000石
最後の藩主：大関増勤

群馬県

【安中藩(譜代)】
居城：群馬県安中市
領地：上野安中
石高：3万石
最後の藩主：板倉勝殷

【沼田藩(譜代)】
居城：群馬県沼田市
領地：上野沼田
石高：3万5000石
最後の藩主：土岐頼知

【高崎藩(譜代)】
居城：群馬県高崎市
領地：上野高崎
石高：8万2000石
最後の藩主：松平（大河内）輝照

【前橋藩(家門)】
居城：群馬県前橋市
領地：上野前橋
石高：17万石
最後の藩主：松平直克

【七日市藩(外様)】
陣屋：群馬県富岡市七日市
領地：上野七日市
石高：1万石
最後の藩主：前田利昭

【伊勢崎藩(譜代)】
陣屋：群馬県伊勢崎市
領地：上野伊勢崎
石高：2万石
最後の藩主：酒井忠彰

【館林藩(譜代)】
居城：群馬県館林市
領地：上野館林
石高：6万石
最後の藩主：秋元礼朝

【吉井藩(家門)】
陣屋：群馬県多野郡吉井町
領地：上野吉井
石高：1万石
最後の藩主：吉井（鷹司）信謹

【小幡藩(譜代)】
陣屋：群馬県甘楽郡甘楽町小幡
領地：上野小幡
石高：2万石
最後の藩主：松平忠恕

茨城県

【谷田部藩(外様)】
陣屋：茨城県つくば市
領地：常陸谷田部
石高：1万6000石
最後の藩主：細川興貫

【牛久藩(譜代)】

陣屋：茨城県牛久市
領地：常陸牛久
石高：1万石
最後の藩主：山口弘達

【麻生藩(外様)】
陣屋：茨城県行方郡麻生町
領地：常陸麻生
石高：1万石
最後の藩主：新井直敬

【下館藩(譜代)】
居城：茨城県下館市
領地：常陸下館
石高：2万石
最後の藩主：石川総管

【下妻藩(譜代)】
陣屋：茨城県下妻市
領地：常陸下妻
石高：1万石
最後の藩主：井上正己

【笠間藩(譜代)】
居城：茨城県笠間市
領地：常陸笠間
石高：8万石
最後の藩主：牧野忠寧

【水戸藩(三家)】
居城：茨城県水戸市
領地：常陸水戸
石高：35万石
最後の藩主：徳川昭武

【土浦藩(譜代)】
居城：茨城県土浦市
領地：常陸土浦
石高：9万5000石
最後の藩主：土屋挙直

【府中藩(連枝)】
陣屋：茨城県石岡市
領地：常陸府中
石高：2万石
最後の藩主：松平頼策

【松岡藩(譜代)】
陣屋：茨城県高萩市
領地：常陸松岡
石高：2万5000石
最後の藩主：中山信徴

【竜崎藩(譜代)】
陣屋：茨城県龍ヶ崎市
領地：常陸竜崎
石高：1万1000石
最後の藩主：米津政敏

【古河藩(譜代)】
居城：茨城県古河市
領地：下総古河
石高：8万石
最後の藩主：土井利与

【結城藩(譜代)】
居城：茨城県結城市
領地：下総結城
石高：1万8000石
最後の藩主：水野勝寛

【志筑藩(外様)】
陣屋：茨城県新治郡千代田町
領地：常陸志筑

石高：1万石
最後の藩主：本堂親久

【宍戸藩(連枝)】
陣屋：茨城県西茨城郡友部町
領地：常陸宍戸
石高：1万石
最後の藩主：松平頼位

千葉県

【生実藩(譜代)】
陣屋：千葉県千葉市
領地：下総生実
石高：1万石
最後の藩主：森川俊方

【関宿藩(譜代)】
居城：千葉県野田市
領地：下総関宿
石高：4万8000石
最後の藩主：久世広業

【佐倉藩(譜代)】
居城：千葉県佐倉市
領地：下総佐倉
石高：11万石
最後の藩主：堀田正倫

【小見川藩(譜代)】
陣屋：千葉県香取郡小見川町
領地：下総小見川
石高：1万石
最後の藩主：内田正学

【高岡藩(譜代)】
陣屋：千葉県香取郡下総町
領地：下総高岡
石高：1万石
最後の藩主：井上正順

【多古藩(譜代)】
陣屋：千葉県香取郡多古町
領地：下総多古
石高：1万2000石
最後の藩主：松平勝慈

【小久保藩(譜代)】
陣屋：千葉県富津市
領地：上総小久保
石高：1万石
最後の藩主：田沼意尊

【佐貫藩(譜代)】
居城：千葉県富津市
領地：上総佐貫
石高：1万6000石
最後の藩主：阿部正恒

【飯野藩(譜代)】
陣屋：千葉県富津市
領地：上総飯野
石高：3万石
最後の藩主：保科正益

【請西藩(譜代)】
陣屋：千葉県木更津市
領地：上総請西
石高：1万石
最後の藩主：林忠崇

【桜井藩(譜代)】
陣屋：千葉県木更津市
領地：上総桜井

石高：1万石
最後の藩主：松平信敏

【久留里藩(譜代)】
居城：千葉県君津市
領地：上総久留里
石高：3万石
最後の藩主：黒田直養

【菊間藩(譜代)】
陣屋：千葉県市原市
領地：上総菊間
石高：5万石
最後の藩主：水野忠敬

【鶴舞藩(譜代)】
陣屋：千葉県市原市
領地：上総鶴舞
石高：6万石
最後の藩主：井上正直

【鶴牧藩(譜代)】
陣屋：千葉県市原市
領地：上総鶴牧
石高：1万5000石
最後の藩主：水野忠順

【松尾藩(譜代)】
陣屋：千葉県山武郡松尾町
領地：上総松尾
石高：5万3000石
最後の藩主：太田資美

【大多喜藩(譜代)】
居城：千葉県夷隅郡大多喜町
領地：上総大多喜
石高：2万石
最後の藩主：大河内正質

【一宮藩(譜代)】
陣屋：千葉県長生郡一宮町
領地：上総一宮
石高：1万3000石
最後の藩主：加納久宣

【勝山藩(譜代)】
陣屋：千葉県安房郡鋸南町
領地：安房勝山
石高：1万2000石
最後の藩主：酒井忠美

【館山藩(譜代)】
陣屋：千葉県館山市
領地：安房館山
石高：1万石
最後の藩主：稲葉正善

【長尾藩(譜代)】
陣屋：千葉県安房郡白浜町
領地：安房長尾
石高：4万石
最後の藩主：本多正訥

【花房藩(譜代)】
陣屋：千葉県鴨川市
領地：安房花房
石高：3万5000石
最後の藩主：西尾忠篤

埼玉県

【岩槻藩(譜代)】
居城：埼玉県岩槻市
領地：武蔵岩槻

石高：2万3000石
最後の藩主：大岡忠貫

【忍藩(家門)】
居城：埼玉県行田市
領地：武蔵忍
石高：10万石
最後の藩主：松平忠敬

【川越藩(譜代)】
居城：埼玉県川越市
領地：武蔵川越
石高：8万石
最後の藩主：松平（松井）康載

【岡部藩(譜代)】
陣屋：埼玉県大里郡岡部町
領地：武蔵岡部
石高：2万石
最後の藩主：安部信発

神奈川県

【金沢藩(譜代)】
陣屋：神奈川県横浜市金沢区
領地：武蔵金沢
石高：1万2000石
最後の藩主：米倉昌言

【小田原藩(譜代)】
居城：神奈川県小田原市
領地：相模小田原
石高：7万5000石
最後の藩主：大久保忠良

【荻野山中藩(譜代)】
陣屋：神奈川県厚木市
領地：相模中荻野
石高：1万3000石
最後の藩主：大久保教義

新潟県

【長岡藩(譜代)】
居城；新潟県長岡市
領地：越後長岡
石高：7万4000石
最後の藩主：牧野忠毅

【村上藩(譜代)】
居城：新潟県村上市村上本町
領地：越後村上
石高：5万石
最後の藩主：内藤信美

【高田藩（譜代）】
居城：新潟県上越市
領地：越後高田
石高：15万石
最後の藩主：榊原政敬

【新発田藩(外様)】
居城：新潟県新発田市
領地：越後新発田
石高：10万石
最後の藩主：溝口直正

【三日市藩(譜代)】
陣屋：新潟県新発田市三日市
領地：越後三日市
石高：1万石
最後の藩主：柳沢徳忠

【椎谷藩(譜代)】

陣屋：新潟県柏崎市椎谷
領地：越後椎谷
石高：1万石
最後の藩主：堀之美

【糸魚川藩(家門)】
陣屋：新潟県糸魚川市
領地：越後糸魚川
石高：1万石
最後の藩主：松平直静

【黒川藩(譜代)】
陣屋：新潟県北蒲原郡黒川村
領地：越後黒川
石高：1万石
最後の藩主：柳沢光邦

【村松藩(外様)】
居城：新潟県中蒲原郡村松町
領地：越後村松
石高：3万石
最後の藩主：堀直弘

【三根山(峯岡)藩(譜代)】
陣屋：新潟県西蒲原郡巻町
領地：越後三根山
石高：1万1000石
最後の藩主：牧野忠泰

【与板藩(譜代)】
陣屋：新潟県三島郡与板町
領地：越後与板
石高：2万石
最後の藩主：井伊直安

富山県

【富山藩(外様)】
居城：富山県富山市
領地：越中富山
石高：10万石
最後の藩主：松平（前田）利同

石川県

【加賀(金沢)藩(外様)】
居城：石川県金沢市
領地：加賀金沢
石高：102万3000石
最後の藩主：前田慶寧

【大聖寺藩(外様)】
居城：石川県加賀市
領地：加賀大聖寺
石高：10万石
最後の藩主：前田利鬯

福井県

【小浜藩(譜代)】
居城：福井県小浜市
領地：若狭小浜
石高：10万4000石
最後の藩主：酒井忠禄

【敦賀(鞠山)藩(譜代)】
陣屋：福井県敦賀市
領地：越前鞠山
石高：1万石
最後の藩主：酒井忠経

(11)

【勝山藩(譜代)】
居城：福井県勝山市
領地：越前勝山
石高：2万8000石
最後の藩主：小笠原長守

【大野藩(譜代)】
居城：福井県大野市
領地：越前大野
石高：4万石
最後の藩主：土井利恒

【鯖江藩(譜代)】
陣屋：福井県鯖江市
領地：越前鯖江
石高：4万石
最後の藩主：間部詮道

【福井藩(家門)】
居城：福井県福井市
領地：越前福井
石高：32万石
最後の藩主：松平茂昭

【丸岡藩(譜代)】
居城：福井県坂井郡丸岡町
領地：越前丸岡
石高：5万石
最後の藩主：有馬道純

長野県

【松代藩(外様)】
居城：長野県長野市松代町
領地：信濃松代
石高：10万石
最後の藩主：真田幸民

【上田藩(譜代)】
居城：長野県上田市
領地：信濃上田
石高：5万3000石
最後の藩主：松平忠礼

【松本藩(譜代)】
居城：長野県松本市
領地：信濃松本
石高：6万石
最後の藩主：戸田光則

【諏訪(高島)藩(譜代)】
居城：長野県上諏訪市
領地：信濃諏訪
石高：3万石
最後の藩主：諏訪忠礼

【小諸藩(譜代)】
居城：長野県小諸市
領地：信濃小諸
石高：1万5000石
最後の藩主：牧野康済

【飯田藩(外様)】
居城：長野県飯田市
領地：信濃飯田
石高：1万5000石
最後の藩主：堀親広

【須坂藩(外様)】
陣屋：長野県須坂市
領地：信濃須坂
石高：1万石
最後の藩主：堀直明

【岩村田藩(譜代)】

陣屋：長野県佐久市
領地：信濃岩村田
石高：1万5000石
最後の藩主：内藤正誠

【飯山藩(譜代)】
居城：長野県飯山市
領地：信濃飯山
石高：2万石
最後の藩主：本多助寵

【田野口(奥殿・龍岡)藩(譜代)】
陣屋：長野県南佐久郡臼田町
領地：信濃田野口
石高：1万6000石
最後の藩主：松平（大給）乗謨

【高遠藩(譜代)】
居城：長野県上伊那郡高遠町
領地：信濃高遠
石高：3万3000石
最後の藩主：内藤頼直

岐阜県

【大垣藩(譜代)】
居城：岐阜県大垣市
領地：美濃大垣
石高：10万石
最後の藩主：戸田氏共

【加納藩(譜代)】
居城：岐阜県岐阜市
領地：美濃加納
石高：3万2000石
最後の藩主：永井尚服

【苗木藩(外様)】
居城：岐阜県中津川市
領地：美濃苗木
石高：1万石
最後の藩主：遠山友詳

【高須藩(連枝)】
陣屋：岐阜県海津郡海津町
領地：美濃高須
石高：3万石
最後の藩主：松平義男

【今尾藩(譜代)】
陣屋：岐阜県海津郡平田町
領地：美濃今尾
石高：3万石
最後の藩主：竹腰正旧

【岩村藩(譜代)】
居城：岐阜県恵那郡岩村町
領地：美濃岩村
石高：3万石
最後の藩主：松平（大給）乗命

【郡上藩(譜代)】
居城：岐阜県郡上市八幡町
領地：美濃郡上
石高：4万8000石
最後の藩主：青山幸宣

【高富藩(譜代)】
陣屋：岐阜県山県郡高富町
領地：美濃高富
石高：1万石
最後の藩主：本庄道美

【大垣新田(畑村・野村)藩(譜代)】

(13)

陣屋：岐阜県揖斐郡大野町
領地：美濃野村
石高：1万石
最後の藩主：戸田氏良

静岡県

【静岡藩(徳川宗家)】
居城：静岡県静岡市
領地：駿河府中
石高：70万石
最後の藩主：徳川家達

【沼津(菊間)藩(譜代)】
居城：静岡県沼津市
領地：駿河沼津
石高：5万石
最後の藩主：水野忠敬

【小島(桜井)藩(譜代)】
陣屋：静岡県清水市
領地：駿河小島
石高：1万石
最後の藩主：松平（滝脇）信敏

【田中(長尾)藩(譜代)】
居城：静岡県藤枝市田中
領地：駿河田中
石高：4万石
最後の藩主：本多正訥

【横須賀(花房)藩(譜代)】
居城：静岡県小笠原郡大須賀町
領地：遠江横須賀
石高：3万5000石
最後の藩主：西尾忠篤

【浜松(鶴舞)藩(譜代)】
居城：静岡県浜松市
領地：遠江浜松
石高：6万石
最後の藩主：井上正直

【堀江藩(譜代)】
陣屋：静岡県浜松市
領地：遠江堀江
石高：1万石
最後の藩主：大沢基寿

【掛川(芝山・松尾)藩(譜代)】
居城：静岡県掛川市
領地：遠江掛川
石高：5万石
最後の藩主：太田資美

【相良(小久保)藩(譜代)】
居城：静岡県榛原郡相良町
領地：遠江相良
石高：1万石
最後の藩主：田沼意尊

愛知県

【尾張(名古屋)藩(三家)】
居城：愛知県名古屋市
領地：尾張名古屋
石高：62万石
最後の藩主：徳川義宣

【犬山藩(譜代)】
居城：愛知県犬山市
領地：尾張犬山
石高：3万5000石
最後の藩主：成瀬正肥

【西尾藩(譜代)】
居城：愛知県西尾市
領地：三河西尾
石高：6万石
最後の藩主：松平乗秩

【刈谷藩(譜代)】
居城：愛知県刈谷市
領地：三河刈谷
石高：2万3000石
最後の藩主：土井利教

【岡崎藩(譜代)】
居城：愛知県岡崎市
領地：三河岡崎
石高：5万石
最後の藩主：本多(松平)忠直

【西大平藩(譜代)】
陣屋：愛知県岡崎市
領地：三河西大平
石高：1万石
最後の藩主：大岡忠敬

【奥殿藩(譜代)】
陣屋：愛知県岡崎市・豊田市平松町
領地：三河・松平
石高：1万6000石
最後の藩主：松平乗謨

【西端藩(譜代)】
陣屋：愛知県碧南市
領地：三河西端
石高：1万500石
最後の藩主：本多忠鵬

【挙母藩(譜代)】
居城：愛知県豊田市
領地：三河挙母
石高：2万石
最後の藩主：内藤文成

【吉田藩(譜代)】
居城：愛知県豊橋市
領地：三河吉田
石高：7万石
最後の藩主：松平(大河内)信古

【半原藩(譜代)】
陣屋：愛知県新城市
領地：三河半原
石高：2万石
最後の藩主：安部信発

【重原藩(譜代)】
陣屋：愛知県知立市
領地：三河重原
石高：2万8000石
最後の藩主：板倉勝達

【田原藩(譜代)】
居城：愛知県田原市
領地：三河田原
石高：1万2000石
最後の藩主：三宅康保

三重県

【津藩(外様)】
居城：三重県津市
領地：伊勢津
石高：32万4000石
最後の藩主：藤堂高猷

(15)

【久居藩(外様)】
陣屋：三重県久居市
領地：伊勢久居
石高：5万3000石
最後の藩主：藤堂高邦

【亀山藩(譜代)】
居城：三重県亀山市
領地：伊勢亀山
石高：6万石
最後の藩主：石川成之

【神戸藩(譜代)】
居城：三重県鈴鹿市
領地：伊勢神戸
石高：1万5000石
最後の藩主：本多忠貫

【桑名藩(家門)】
居城：三重県桑名市
領地：伊勢桑名
石高：11万石
最後の藩主：松平定教

【菰野藩(外様)】
陣屋：三重県三重郡菰野町
領地：伊勢菰野
石高：1万1000石
最後の藩主：土方雄永

【長島藩(譜代)】
居城：三重県桑名市長島町
領地：伊勢長島
石高：2万石
最後の藩主：増山正同

【鳥羽藩(譜代)】
居城：三重県鳥羽市
領地：志摩鳥羽
石高：3万石
最後の藩主：稲垣長敬

滋賀県

【彦根藩(譜代)】
居城：滋賀県彦根市
領地：近江彦根
石高：25万石
最後の藩主：井伊直憲

【膳所藩(譜代)】
居城：滋賀県大津市
領地：近江膳所
石高：6万石
最後の藩主：本多康穣

【宮川藩(譜代)】
陣屋：滋賀県長浜市宮司町
領地：近江宮川
石高：1万3000石
最後の藩主：堀田正養

【山上藩(譜代)】
陣屋：滋賀県神崎郡永源寺町山上
領地：近江山上
石高：1万3000石
最後の藩主：稲垣太清

【三上(吉見)藩(外様)】
陣屋：滋賀県野洲市三上
領地：近江三上
石高：1万2000石
最後の藩主：遠藤胤城

【西大路(仁正寺)藩(外様)】
陣屋：滋賀県蒲生郡日野町西大路
領地：近江仁正寺
石高：1万8000石
最後の藩主：市橋長和

【大溝藩(外様)】
陣屋：滋賀県高島郡高島町
領地：近江大溝
石高：2万石
最後の藩主：分部光貞

【水口藩(外様)】
居城：滋賀県甲賀市水口町
領地：近江水口
石高：2万5000石
最後の藩主：加藤明実

和歌山県

【紀州(和歌山)藩(三家)】
居城：和歌山県和歌山市
領地：紀伊和歌山
石高：55万5000石
最後の藩主：徳川茂承

【田辺藩(譜代)】
居城：和歌山県田辺市
領地：紀伊田辺
石高：3万9000石
最後の藩主：安藤直裕

【新宮藩(譜代)】
居城：和歌山県新宮市
領地：紀伊新宮
石高：3万5000石
最後の藩主：水野忠幹

奈良県

【郡山藩(譜代)】
居城：奈良県大和郡山市
領地：大和郡山
石高：15万1000石
最後の藩主：松平(柳沢)保申

【小泉藩(外様)】
陣屋：奈良県大和郡山市
領地：大和小泉
石高：1万1000石
最後の藩主：片桐貞篤

【芝村藩(外様)】
陣屋：奈良県桜井市
領地：大和芝村
石高：1万石
最後の藩主：織田長易

【柳本藩(外様)】
陣屋：奈良県天理市柳本町
領地：大和柳本
石高：1万石
最後の藩主：織田信及

【柳生藩(譜代)】
陣屋：奈良県奈良市
領地：大和柳生
石高：1万石
最後の藩主：柳生俊益

【高取藩(譜代)】
居城：奈良県高市郡高取町
領地：大和高取
石高：2万5000石

(17)

最後の藩主：植村家壺

【櫛羅(新庄)藩(譜代)】
居城：奈良県葛城市新庄町
領地：大和櫛羅
石高：1万石
最後の藩主：永井直哉

【田原本藩(外様)】
陣屋：奈良県磯城郡田原本町
領地：大和田原
石高：1万石
最後の藩主：平野長裕

大阪府

【岸和田藩(譜代)】
居城：大阪府岸和田市
領地：和泉岸和田
石高：5万3000石
最後の藩主：岡部長職

【伯太藩(譜代)】
陣屋：大阪府和泉市伯太町
領地：和泉伯太
石高：1万4000石
最後の藩主：渡辺章綱

【狭山藩(外様)】
陣屋：大阪府大阪狭山市
領地：河内狭山
石高：1万石
最後の藩主：北条氏恭

【丹南藩(譜代)】
陣屋：大阪府大阪狭山市美原町
領地：河内丹南
石高：1万石
最後の藩主：高木正坦

【高槻藩(譜代)】
居城：大阪府高槻市
領地：摂津高槻
石高：3万6000石
最後の藩主：永井直諒

【麻田藩(外様)】
陣屋：大阪府豊中市
領地：摂津麻田
石高：1万石
最後の藩主：青木重義

京都府

【綾部藩(外様)】
居城：京都府綾部市
領地：丹波綾部
石高：2万石
最後の藩主：九鬼隆備

【山家藩(外様)】
陣屋：京都府綾部市山家
領地：丹波山家
石高：1万石
最後の藩主：谷衛滋

【福知山藩(譜代)】
居城：京都府福知山市
領地：丹波福知山
石高：3万2000石
最後の藩主：朽木為綱

【亀山藩(譜代)】
居城：京都府亀岡市

領地：丹波亀山
石高：5万石
最後の藩主：松平信正

【園部藩(外様)】
居城：京都府船井郡園部町
領地：丹波園部
石高：2万7000石
最後の藩主：小出英尚

【田辺藩(譜代)】
居城：京都府舞鶴市
領地：丹後田辺
石高：3万5000石
最後の藩主：牧野弼成

【宮津藩(譜代)】
居城：京都府宮津市
領地：丹後宮津
石高：7万石
最後の藩主：本庄宗武

【峯山藩(譜代)】
陣屋：京都府京丹後市
領地：丹後峯山
石高：1万1000石
最後の藩主：京極高陳

【淀藩(譜代)】
居城：京都府京都市伏見区
領地：山城淀
石高：10万2000石
最後の藩主：稲葉正邦

兵庫県

【尼崎藩(譜代)】
居城：兵庫県尼崎市
領地：摂津尼崎
石高：4万石
最後の藩主：松平（桜井）忠興

【三田藩(外様)】
陣屋：兵庫県三田市
領地：摂津三田
石高：3万6000石
最後の藩主：九鬼隆義

【篠山藩(譜代)】
居城：兵庫県篠山市
領地：丹波篠山
石高：6万石
最後の藩主：青山忠敏

【柏原藩(外様)】
居城：兵庫県丹波市
領地：丹波柏原
石高：2万石
最後の藩主：織田信親

【明石藩(家門)】
居城：兵庫県明石市
領地：播磨明石
石高：8万石
最後の藩主：松平直致

【姫路藩(譜代)】
居城：兵庫県姫路市
領地：播磨姫路
石高：15万石
最後の藩主：酒井忠邦

【小野藩(外様)】
陣屋：兵庫県小野市

(19)

領地：播磨小野
石高：1万石
最後の藩主：一柳末徳

【林田藩(外様)】
陣屋：兵庫県姫路市
領地：播磨林田
石高：1万石
最後の藩主：建部政世

【山崎藩(譜代)】
陣屋：兵庫県宍粟市
領地：播磨山崎
石高：1万石
最後の藩主：本多忠明

【安志藩(譜代)】
陣屋：兵庫県宍粟市
領地：播磨安志
石高：1万石
最後の藩主：小笠原貞孚

【竜野藩(譜代)】
居城：兵庫県竜野市
領地：播磨竜野
石高：5万1000石
最後の藩主：脇坂安斐

【赤穂藩(外様)】
居城：兵庫県赤穂市
領地：播磨赤穂
石高：2万石
最後の藩主：森忠儀

【三日月藩(外様)】
陣屋：兵庫県佐用郡三日月町
領地：播磨三日月
石高：1万5000石
最後の藩主：森俊滋

【福本藩(外様)】
陣屋：兵庫県神崎郡神崎町
領地：播磨福本
石高：1万1000石
最後の藩主：池田徳潤

【三草藩(譜代)】
陣屋：兵庫県加東郡社町
領地：播磨三草
石高：1万石
最後の藩主：丹羽氏中

【出石藩(外様)】
居城：兵庫県出石郡出石町
領地：但馬出石
石高：3万石
最後の藩主：仙石久利

【豊岡藩(外様)】
居城：兵庫県豊岡市
領地：但馬豊岡
石高：1万5000石
最後の藩主：京極高厚

【村岡藩(外様)】
陣屋：兵庫県美方郡村岡町
領地：但馬村岡
石高：1万1000石
最後の藩主：山名義済

岡山県

【松山(高梁)藩(譜代)】
居城：岡山県高梁市

領地：備中松山
石高：5万石
最後の藩主：板倉勝弼

【成羽藩(外様)】
陣屋：岡山県高梁市
領地：備中成羽
石高：1万3000石
最後の藩主：山崎治祇

【新見藩(外様)】
陣屋：岡山県新見市
領地：備中新見
石高：1万8000石
最後の藩主：関長克

【岡山藩(外様)】
居城：岡山県岡山市
領地：備前岡山
石高：31万5000石
最後の藩主：池田章政

【足守藩(外様)】
陣屋：岡山県岡山市上足守
領地：備中足守
石高：2万5000石
最後の藩主：木下利恭

【庭瀬藩(譜代)】
居城：岡山県岡山市庭瀬
領地：備中庭瀬
石高：2万石
最後の藩主：板倉勝弘

【岡山新田(生坂)藩(外様)】
陣屋：岡山県倉敷市生坂
領地：備中生坂
石高：1万5000石
最後の藩主：池田政礼

【鴨方(岡山新田)藩(外様)】
陣屋：岡山県浅口郡鴨方町
領地：備中鴨方
石高：2万5000石
最後の藩主：池田政保

【浅尾藩(外様)】
陣屋：岡山県総社市浅尾
領地：備中浅尾
石高：1万石
最後の藩主：蒔田広孝

【岡田藩(外様)】
陣屋：岡山県吉備郡真備町岡田
領地：備中岡田
石高：1万石
最後の藩主：伊東長辭

【津山藩(家門)】
居城：岡山県津山市
領地：美作津山
石高：10万石
最後の藩主：松平慶倫

【鶴田藩(家門)】
陣屋：岡山県御津郡建部町
領地：美作鶴田
石高：6万1000石
最後の藩主：松平武聡

【勝山(真島)藩(譜代)】
居城：岡山県真庭郡勝山町
領地：美作勝山
石高：2万3000石

最後の藩主：三浦顕次

広島県

【広島藩(外様)】
居城：広島県広島市
領地：安芸広島
石高：42万6000石
最後の藩主：浅野長勲

【広島新田(吉田)藩(外様)】
陣屋：広島県広島市
領地：安芸吉田
石高：3万石
最後の藩主：浅野長厚

【福山藩(譜代)】
居城：広島県福山市
領地：備後福山
石高：11万石
最後の藩主：阿部正桓

鳥取県

【鳥取藩(外様)】
居城：鳥取県鳥取市
領地：因幡鳥取
石高：32万5000石
最後の藩主：池田慶徳

【鹿野(東館新田)藩(外様)】
陣屋：鳥取県鳥取市
領地：因幡鹿野
石高：3万石
最後の藩主：池田徳澄

【若桜(西館新田)藩(外様)】
陣屋：鳥取県八頭郡若桜町
領地：因幡若桜
石高：1万5000石
最後の藩主：池田徳定

島根県

【浜田(鶴田)藩(家門)】
居城：島根県浜田市
領地：石見浜田
石高：6万1000石
最後の藩主：松平武聡

【津和野藩(外様)】
居城：島根県鹿足郡津和野町
領地：石見津和野
石高：4万3000石
最後の藩主：亀井茲監

【松江藩(家門)】
居城：島根県松江市
領地：出雲松江
石高：18万6000石
最後の藩主：松平定安

【広瀬藩(家門)】
陣屋：島根県安来市広瀬町
領地：出雲広瀬
石高：3万石
最後の藩主：松平直巳

【母里藩(家門)】
陣屋：島根県安来市伯太町母里
領地：出雲母里
石高：1万石
最後の藩主：松平直哉

山口県

【長州(山口・萩)藩(外様)】
居城：山口県萩市
領地：長門萩
石高：36万9000石
最後の藩主：毛利元徳

【長府藩(外様)】
陣屋：山口県下関市長府
領地：長門府中
石高：5万石
最後の藩主：毛利元敏

【清末藩(外様)】
陣屋：山口県下関市清末
領地：長門清末
石高：1万石
最後の藩主：毛利元純

【岩国藩(外様)】
陣屋：山口県岩国市
領地：周防岩国
石高：6万石
最後の藩主：吉川経健

【徳山藩(外様)】
陣屋：山口県徳山市
領地：周防徳山
石高：4万石
最後の藩主：毛利元蕃

香川県

【高松藩(連枝)】
居城：香川県高松市
領地：讃岐高松
石高：12万石
最後の藩主：松平頼聰

【丸亀藩(外様)】
居城：香川県丸亀市
領地：讃岐丸亀
石高：5万2000石
最後の藩主：京極朗徹

【多度津藩(外様)】
陣屋：香川県仲多度津郡多度津町
領地：讃岐多度津
石高：1万石
最後の藩主：京極高典

徳島県

【徳島藩(外様)】
居城：徳島県徳島市
領地：阿波徳島
石高：25万8000石
最後の藩主：蜂須賀茂韶

愛媛県

【松山藩(家門)】
居城：愛媛県松山市
領地：伊予松山
石高：15万石
最後の藩主：松平（久松）勝成

【宇和島藩(外様)】
居城：愛媛県宇和島市
領地：伊予宇和島
石高：10万石
最後の藩主：伊達宗徳

【吉田藩(外様)】
陣屋：愛媛県北宇和郡吉田町
領地：伊予吉田
石高：3万石
最後の藩主：伊達宗敬

【今治藩(家門)】
居城：愛媛県今治市
領地：伊予今治
石高：3万5000石
最後の藩主：松平（久松）定法

【西条藩(連枝)】
陣屋：愛媛県西条市
領地：伊予西条
石高：3万石
最後の藩主：松平頼英

【小松藩(外様)】
陣屋：愛媛県西条市
領地：伊予小松
石高：1万石
最後の藩主：一柳頼紹

【大洲藩(外様)】
居城：愛媛県大洲市
領地：伊予大洲
石高：6万石
最後の藩主：加藤泰秋

【新谷藩(外様)】
陣屋：愛媛県大洲市
領地：伊予新谷
石高：1万石
最後の藩主：加藤泰令

高知県

【土佐(高知)藩(外様)】
居城：高知県高知市
領地：土佐高知
石高：24万2000石
最後の藩主：山内豊範

【高知新田藩(外様)】
陣屋：高知県高知市
領地：土佐高地新田
石高：1万3000石
最後の藩主：山内豊誠

大分県

【府内藩(譜代)】
居城：大分県大分市
領地：豊後府内
石高：2万1000石
最後の藩主：松平（大給）近説

【臼杵藩(外様)】
居城：大分県臼杵市
領地：豊後臼杵
石高：5万石
最後の藩主：稲葉久通

【日出藩(外様)】
居城：大分県速水郡日出町
領地：豊後日出
石高：2万5000石
最後の藩主：木下俊愿

【佐伯藩(外様)】
居城：大分県佐伯市

領地：豊後佐伯
石高：2万石
最後の藩主：毛利高謙

【杵築藩(譜代)】
居城：大分県杵築市
領地：豊後杵築
石高：3万2000石
最後の藩主：松平（能見）親貴

【森藩(外様)】
陣屋：大分県玖珠郡玖珠町
領地：豊後森
石高：1万3000石
最後の藩主：久留島通靖

【岡藩(外様)】
居城：大分県竹田市
領地：豊後岡
石高：7万石
最後の藩主：中川久昭

【中津藩(譜代)】
居城：大分県中津市
領地：豊前中津
石高：10万石
最後の藩主：奥平昌邁

福岡県

【福岡藩(外様)】
居城：福岡県福岡市中央区
領地：筑前福岡
石高：52万3000石
最後の藩主：黒田長知

【秋月藩(外様)】
陣屋：福岡県甘木市
領地：筑前秋月
石高：5万石
最後の藩主：黒田長徳

【久留米藩(外様)】
居城：福岡県久留米市
領地：筑後久留米
石高：21万石
最後の藩主：有馬頼咸

【柳河藩(外様)】
居城：福岡県柳川市
領地：筑後柳河
石高：11万9000石
最後の藩主：立花鑑寛

【小倉(香春・豊津)藩(譜代)】
居城：福岡県北九州市小倉区
領地：豊前小倉
石高：15万石
最後の藩主：小笠原忠忱

【小倉新田(千束)藩(譜代)】
陣屋：福岡県北九州市小倉区
領地：豊前小倉新田
石高：1万石
最後の藩主：小笠原貞正

長崎県

【対馬(府中・厳原)藩(外様)】
居城：長崎県対馬市
領地：対馬府中
石高：10万石以上格
最後の藩主：宗重正

(25)

【平戸藩(外様)】
居城：長崎県平戸市
領地：肥後平戸
石高：6万2000石
最後の藩主：松浦詮

【平戸新田藩(外様)】
陣屋：長崎県平戸市
領地：肥前平戸新田
石高：1万石
最後の藩主：松浦靖

【大村藩(外様)】
居城：長崎県大村市
領地：肥前大村
石高：2万8000石
最後の藩主：大村純熙

【五島藩(外様)】
居城：長崎県福江市
領地：肥前福江
石高：1万3000石
最後の藩主：五島盛徳

【島原藩(譜代)】
居城：長崎県島原市
領地：肥前島原
石高：7万石
最後の藩主：松平忠和

佐賀県

【佐賀(肥前)藩(外様)】
居城：佐賀県佐賀市
領地：肥前佐賀
石高：35万7000石
最後の藩主：鍋島直大

【蓮池藩(外様)】
陣屋：佐賀県佐賀市蓮池町
領地：肥前蓮池
石高：5万3000石
最後の藩主：鍋島直紀

【唐津藩(譜代)】
居城：佐賀県唐津市
領地：肥前唐津
石高：6万石
最後の藩主：小笠原長国

【小城藩(外様)】
陣屋：佐賀県小城郡小城町
領地：肥前小城
石高：7万3000石
最後の藩主：鍋島直虎

【鹿島藩(外様)】
陣屋：佐賀県鹿島市
領地：肥前鹿島
石高：2万石
最後の藩主：鍋島直彬

熊本県

【熊本藩(外様)】
居城：熊本県熊本市
領地：肥後熊本
石高：54万石
最後の藩主：細川詔邦

【熊本新田(高瀬)藩(外様)】
陣屋：熊本県玉名市
領地：肥後高瀬
石高：3万5000石
最後の藩主：細川利永

【宇土藩(外様)】
陣屋：熊本県宇土市
領地：肥後宇土
石高：3万石
最後の藩主：細川行真

【人吉藩(外様)】
居城：熊本県人吉市
領地：肥後人吉
石高：2万2000石
最後の藩主：相良頼基

宮崎県

【延岡藩(譜代)】
居城：宮崎県延岡市国富
領地：日向延岡
石高：7万石
最後の藩主：内藤政挙

【飫肥藩(外様)】
居城：宮崎県日南市飫肥
領地：日向飫肥
石高：5万1000石
最後の藩主：伊東祐相

【佐土原藩(外様)】
居城：宮崎県宮崎郡佐土原町
領地：日向佐土原
石高：2万7000石
最後の藩主：島津忠寛

【高鍋(財部)藩(外様)】
居城：宮崎県児湯郡高鍋町
領地：日向高鍋
石高：2万7000石
最後の藩主：秋月種殷

鹿児島県

【薩摩(鹿児島)藩(外様)】
居城：鹿児島県鹿児島市
領地：薩摩鹿児島
石高：77万1000石
最後の藩主：島津忠義

沖縄県

【琉球藩】
居城：沖縄県那覇市
領地：沖縄島を含む琉球諸島
石高：10万石格
最後の藩主：尚泰

※『幕末維新三百藩総覧　コンパクト版』神谷次郎・祖田浩一(新人物往来社)、『大名の日本地図』中嶋繁雄(文藝春秋)ほかを参考に作成。

本放送出版協会）／『郷土千葉の歴史』川名登編（ぎょうせい）／『肥前史研究』（三好不二雄先生傘寿記念誌刊行会）／『よみがえる東国史譚「太平記」から幕末動乱まで』坂本裕久（講談社出版サービスセンター）／『思想からみた明治維新』市井三郎（講談社）／『〝御家〟立て直し』中江克己（青春出版社）／『江戸の財政改革』童門冬二（小学館）／『新人物日本史・光芒の生涯（下）』畑山博（学陽書房）／『大名たちの構造改革』谷口研語・和崎晶（ベストセラーズ）／『加納町史　下巻』太田成和編（大衆書房）／『肉食文化と魚食文化』長崎福三（農山漁村文化協会）／『歴史を見なおす東北からの視点　東の論理』中名生正昭（かんき出版）／『歴史「不思議」物語』井沢元彦（廣済堂出版）

物往来社編、『幕末維新　三百藩総覧』神谷次郎・祖田浩一、『南部藩　落日の譜』太田俊穂（新人物往来社）／『静岡大百科事典』静岡新聞社出版局編（静岡新聞社）／『河井継之助』稲川明雄（恒文社）／『わが町川越歴史散歩　小江戸の残照』小泉功（ルック）／『江戸の大名人物列伝』童門冬二監（東京書籍）／『東北の明治維新』尾崎竹四郎（サイマル出版会）／『斗南に生きた会津藩の人々』『奥羽越列藩同盟』星亮一（歴史春秋社）／『津田梅子の社会史』高橋裕子（玉川大学出版部）／『改革の日本史』河合敦、『幕末新詳解事典』脇坂昌宏（学習研究社）／『教科書が教えない歴史③』藤岡信勝・自由主義史観研究会（扶桑社）／『江戸三〇〇藩　最後の藩主』八幡和郎（光文社）／『姫路城物語　名城にくり広げられた人間ドラマ・女人哀史』酒井美意子（主婦と生活社）／『岸和田市史　第3巻　近世編』岸和田市史編さん委員会（岸和田市）／『幕末武家奇談』稲垣史生、『田沼意次と松平定信』童門冬二（時事通信社）／『幕末諸隊100選』栗原隆一（秋田書店）／『ふくしまの古戦場』阿部輝郎（福島県）／『図説福知山・綾部の歴史』根本惟明・木下禮次監（郷土出版社）／『志は高く　高鍋の魂の系譜』和田雅実、『高鍋藩史話』安田尚義（鉱脈社）／『歴史と人と　埼玉の近代史から』埼玉新聞社編（埼玉新聞社）／『ほんとうの信州　信濃の国のかたち』角憲和編著（岳風書房）／『幕末史の研究　備中松山藩』朝森要（岩田書院）／『NHK歴史への招待第24巻　幕府崩壊』日本放送協会編（日